从工业化
到城市化

徐 远／著

未来30年经济
增长的可行路径

中信出版集团｜北京

图书在版编目（CIP）数据

从工业化到城市化：未来 30 年经济增长的可行路径 /
徐远著 . -- 北京：中信出版社，2019.10
ISBN 978-7-5217-1033-5

Ⅰ.①从⋯ Ⅱ.①徐⋯ Ⅲ.①中国经济－经济增长－
研究 Ⅳ.① F124.1

中国版本图书馆 CIP 数据核字（2019）第 198668 号

从工业化到城市化——未来 30 年经济增长的可行路径

著　　者：徐　远
出版发行：中信出版集团股份有限公司
　　　　　（北京市朝阳区惠新东街甲 4 号富盛大厦 2 座　邮编　100029）
承 印 者：北京诚信伟业印刷有限公司

开　　本：880mm×1230mm　1/32　　印　　张：7.25　　字　　数：118 千字
版　　次：2019 年 10 月第 1 版　　印　　次：2019 年 10 月第 1 次印刷
广告经营许可证：京朝工商广字第 8087 号
书　　号：ISBN 978-7-5217-1033-5
定　　价：49.00 元

目　录

繁荣没有秘密

1998 年的时候，我在北大中国经济研究中心念书，导师是宋国青先生。当时先生参与一个项目，为发改委的"十五规划"出谋划策，带着一群学生做研究。先生平时话不多，可以说是惜字如金，动员会上还是讲了几句，引用了卢卡斯那句著名的话：一个人一旦开始思考经济增长问题，就很难思考其他的问题了。

这句话，影响了我半生。经济增速每相差 1 个百分点，70 年后收入就差一倍。对于千家万户而言，这是巨大的差别。从此，增长问题在我脑子里一直挥之不去。这本书是我这 20 年来思考增长问题的一个阶段性的交代。

中国改革开放 40 年来的成绩单，无疑是值得自豪的。十几亿人实现温饱，是这个国家历史上从未发生过的事情，称为"奇迹"并不为过。需要探究的是，这个奇迹是怎么发生的？是归结于历史的偶然、伟大人物的推动，还是有规律可循？有规律可循的话，这些经验能复制吗？能指导未来吗？对其他国家有参考价值吗？

中国做对了什么?

回答这些问题,可以分解为两步。第一步,中国做对了什么? 第二步,中国是怎么做对的?

第一个问题看起来复杂,其实很简单,就像是一个脑筋急转弯。我们只要把所有的高收入国家放在一起,寻找这些国家最重要的共同特征,再看看中国有没有做到,就可以大致知道中国做对了什么。

抛开所有的细节不谈,高收入国家最重要的共同特征,就是工业化。历数欧洲、美洲、亚洲的主要高收入国家,没有哪一个国家是没有实现工业化的。除了少数的严重依赖自然资源的国家,比如石油输出国,都是通过工业化实现了经济起飞。即便是石油输出国,也要利用石油换来的资金努力实现工业化,否则后续发展潜力成疑。

工业化还有很大的韧性。翻开人类的经济历史,任何一个国家,只要实现了大规模的工业化,就很难倒退到工业化以前的水平。苏联这样的计划经济国家,虽然经历了动荡,但是因为工业化水平已经很高,苏联解体后俄罗斯很快从动荡中走出,实现了1万多美元的人均收入。

刚才是横向的、国家间的比较。纵向的、历史的比较,也会指向工业化这个关键词。人类漫长的文明史,其实绝大部分人在绝大部分时间里都在温饱线上挣扎。人均收入的真正增长,是18

世纪以来的事情。

历史的胜负手，是工业革命。工业革命从英国开始，蔓延到欧洲大陆、北美，然后蔓延到亚洲，以及世界的其他地区。工业革命所到之处，人民生活水平大幅提高。工业革命还没到的地方，依然贫穷。世界的经济版图，其实就是工业革命的蔓延地图。

中国改革开放40年来的历程，就是一步一步向工业化努力的历史。家庭联产承包责任制，是把土地的使用权还给农民，一举解决了10亿人的吃饭问题，为工业化打下农业基础，并且释放了劳动力。乡镇企业，是"离土不离乡"的工业化。民营企业，是"离土又离乡"的工业化。对外贸易和加入WTO（世界贸易组织），是利用全球商品流通市场加速工业化。房地产改革和大规模基建，释放了大量的需求，因而促进了工业化。金融改革，是为工业化创造融资条件。用"工业化"这个关键词，可以串联改革开放以来的一切大事件。

从工业化这个"超宏观"的角度，我们对于中国的改革开放会有不同的看法。中国改革开放以来的所有成就，其实就是不断向工业化的方向努力，并取得的一定的成绩。当我们赞叹改革的时候，不应忽视我们只不过是做了一件大家都努力在做的事情。从这个基本方向上，中国并没有特殊之处。

家家有本难念的经。各国在推进工业化的过程中，都面临着自己的困难。能够克服自己的困难，推进工业化的国家，就是经济成功的国家，否则就是经济失败的国家。仅此而已。

　　所以，中国经验的最底层逻辑，并没有特殊之处。如果有的话，就是在底层之上的次底层、中层，或者表层，有一些特点。这种特点并不是中国独有的，而是各国都会有自己的特点，即各国都有自己的困难，以及克服困难的做法。中国经验的可取之处，就是如何克服属于自己的那一部分困难。这种困难如果未来还有，研究这种困难就会对未来有启发意义。这种困难如果其他国家有，研究这种困难会对其他国家有参考价值。

　　以上是我对"中国做对了什么"的回答。繁荣没有秘密，更没有阴谋，就是努力向工业化迈进。

中国怎么做对的？

　　第二个问题：中国怎么做对的？这个问题有两种回答的办法。第一种是回到历史的细节当中，寻找重大的节点，分析当时这么做的选择，回答为什么这样做，阻力在哪里，如何克服的。这一任务艰巨，远远超出本书的范围，暂且留到将来研究。

　　第二个办法，我们可以反问：我们以前也做了很多尝试，但是一直没有成功，以前哪里做得不好？这一次有什么不一样？

　　1978 年以来的改革开放，是中国一次成功的工业化尝试，但不是第一次尝试，而是第四次尝试。自从 19 世纪中国打开大门，和世界开始大规模的交流以来，中国至少进行了四次大规模的工业化尝试：

第一次，鸦片战争之后的洋务运动。第二次，辛亥革命以后，民族工业兴起。第三次，1949—1978 年，计划经济体制下的工业化尝试。第四次，1978 年以来的改革开放。

分析比较这几次工业化尝试，我们可以看到过去几次尝试中的两个主要问题。

首先，工业化不能由政府主导，而应由市场主导。洋务运动和计划经济，都是由政府主导，都没有给我们带来成功的工业化。二者的共同特征，是政府直接取代了企业家的职能。政府官员既是官员，又是企业家，二者的角色存在重大的冲突。政府主导的工业化，不利于发动亿万人的积极性，不利于培育市场，最后都难以为继。

其次，和平稳定的社会环境非常重要。辛亥革命以后的工业化，很难说不成功。大部分史家都认为，辛亥革命以后，中国的民营工业获得了长足的发展。1911 年以后的 20 多年间，包括西方大萧条时期，中国经济很难说不好。然而，随着大规模战争的爆发，民众生命安全都得不到保障，工业化自然也就中断了。

反观改革开放以来的工业化，是一次和平环境下、市场主导的、自下而上的工业化尝试。无论是乡镇企业，还是民营企业，都是从市场里长出来的，不是政府主导、规划出来的。

市场力量的生长，是工业化这枚硬币背面的图章。没有市场的孕育和生长，工业化可能可以发个芽，但是很难长出茂盛的枝叶，更难开花结果。人类社会是个有机体，市场是滋润全身的营养剂，看似无形，实则有力。

强调市场力量的生长，并不是否认政府的作用，这种作用至少表现在三个方面：（一）维护基本的和平稳定，没有和平稳定的环境，经济建设就是一句空话；（二）顺应市场的诉求，改变制度规则，让市场力量发挥越来越大的作用；（三）主动推动对外开放，促进市场的发育。

简言之，从基本的脉络看，中国的改革开放主要就是政府与市场合作，推动了工业化。任何成功的工业化，都需要政府发挥积极作用。古今中外，概莫能外。

从工业化到城市化

那么，中国的工业化还有发展空间吗？现在中国已经是世界工厂了，全世界的市场上，都流通着来自中国的商品。这种情况下，我们的工业化还有进一步发展的空间吗？工业化支撑的繁荣，还能持续吗？

这个问题，是面向未来的问题。要面向未来，最重要的是审视现在。回到我们刚才的分析，市场力量的发育，和工业化是一体两面的事情。要问工业化还有没有空间，就问现在的市场是不是已经很完善了。那么，现在的市场发育完善了吗？只要认真观察过中国经济，就不会认为中国的市场机制已经完善了，就像没有人相信改革已经完成了一样。所谓深化改革，不就是进一步完善市场机制吗？

　　那么，进一步完善市场机制的抓手是什么？

　　要回答这个问题，我们需要转向一个非常关键的概念：城市。梳理中国的改革开放进程，会发现一个明显的特征，就是"工业化超前，城市化滞后"。和主要高收入国家比，我国的工业产值占GDP（国内生产总值）的比重很高，但是城市化率很低，二者呈现出很大的不匹配。城市是市场发育的主要空间载体，城市发展的滞后，使得我国的市场发育还有很大的不足。反过来说，进一步推动城市化，是我国市场发育的最重要抓手。皮之不存，毛将焉附？城市不进一步发展，想发展市场就是一句空话。

　　进一步理解这个问题，需要我们对"工业化超前，城市化滞后"这个基本特征进行进一步的理解。所谓工业化，其实是一个"复制"过程，掌握了技术，有了原材料，这个复制过程可以很快。你可以想象一下复印店里的复印机。原件放进去，就开始一张张复印，速度非常快。这里面，复印机和原件是技术，油墨是原材料。工业化也类似，有了技术、资金、劳动力，这个过程可以很快。过去40年我国经济快速增长，就是因为工业化是个复制过程，可以很快。

　　但是城市不是这样，城市不仅是钢筋、水泥、道路、桥梁，更是一套复杂的网络，一套游戏规则，甚至文化习俗、风土人情。这些东西，是不能复制的，而必须慢慢生长，需要一个时间。做个类比的话，工业是无机体，可以批量生产，而城市是有机体，只能慢慢生长。这样一来，"工业化超前，城市化滞后"的基本特征，就容易理解了。

因为城市化滞后，中国的市场发育不完善，工业化也受到制约。这种制约，集中体现在各种结构失衡上。

比如说，我国经济依赖外需，就是因为国内市场发育滞后，需求不足。内需充足了，就不会依赖外需了。

再比如，为什么我国服务业相对滞后？也是因为城市化滞后。服务业在城市里相对有优势，在农村很难发展。农村经济的基本特征，是分散、自给自足。因为地广人稀，经济流量低，农村的服务业很难发展。

从这个角度看，"工业化超前，城市化滞后"是我国经济最本源的结构特征，可以帮助理解很多其他的结构失衡问题。要解决结构失衡问题，市场就要进一步发育，抓手就在城市化。

如何发展城市

如何进一步城市化？这就需要政府与市场的再一次亲密合作。"城"与"市"两个字共同构成城市，其实代表了两种完全不同的事物。古代的城，起源于安全防卫，是和政权、君王联系在一起的，"筑城以卫君，造郭以守民"，说的就是这个道理。而市，则是市场，是交易发生的地方，是黎民百姓讨生活的场所。

因此，"城"与"市"这两个字，其实代表了两种不同的秩序，两个字放在一起，概括了社会形态最重要的两个方面。"城"是政府、君王主导的，而市，则是平民、企业活跃的空间。城市化的发展，终究是政府支持、包容之下的市场行为。中国的改革开放能走多远，就看城市化能走多远。

最后要补充两点。第一，一般而言，工业化和城市化是伴生的现象，差不多是同时推进和完成的，在欧美等高收入国家大致如此。这是因为，城市化能够达到的程度，是当时最先进的技术决定的。对于走在发展矩阵前列的国家而言，技术进步是缓慢的，而且技术进步会推动工业化进步，会引起人口向城市流动，因此工业化和城市化是同步推进的。

但是在后发国家比如中国，由于工业化发展太快，城市化虽然也有很大发展，但是因为种种原因还是滞后了。因此，中国的城市化分为两步。第一步是以工业化为主，城市化为辅，是工业化主导的阶段，简称"工业化"阶段；第二步以城市化为主，带动进一步的工业化，我们称之为"城市化"阶段。因此，我把本书命名为《从工业化到城市化》。

第二，我必须承认，这是一本远远没有写完的书。关于中国改革开放过去经验的总结，本书只是个开始。本书提出了"从工业化到城市化"的两阶段描述，但是并没有能够回答工业化是如何发生的，如何推进的，以及为什么能够推进，等等。这些深层次的问题，本书都没有涉及。

关于未来，关于进一步城市化，我也只是看到了未来的潜力，看到了进一步改革开放的抓手，但是并不知道未来路径会如何演化，路上有哪些荆棘，我们能否过关斩将。

本来的研究计划，是要说清楚中国的工业化是如何发生、发展的，遇到了哪些困难，是如何克服的。然而，耗时几年，头发逐渐稀少，研究却丝毫没有进展，我慢慢失去了信心。沮丧之余，深感理解这些问题远超出个人的能力范围，可能需要更多人的努力。

于是，把这一鳞半爪的观察思考拿出来，谈不上任何体系，错误也在所难免，肯定有很多值得商榷的地方。但愿这些日夜所思所想的点点滴滴，对于思考中国的问题，有一点点帮助，至少帮助大于误导，则可心安矣。

是为序。

徐远

2019.05.12　于深圳

第一篇

绪论：
中国城市化
两部曲

第一章

从乡村到工厂，再到城市——中国城市化的两部曲

中国改革开放的起点，是个 10 亿人口的农业大国。中国的现代化进程，分为两步走，第一步是工业化，农民从农村进入工厂。第二步是城市化，农民从工厂到城市。

离开土地，汇成城市

中国改革开放 40 年的历史，是中国农民不断离开土地，进入工厂、留在城市的历史。概括这 40 年的历程很难，有很多不同的维度，其中可以使用的一句话是，"人类演化的一条轨迹，是更多的人离开土地，汇成城市"（徐远，《人·地·城》）。

翻看 1978 年的数据，10 亿人民 8 亿搞饭吃，并不是一句空话。当时全国人口 9.6 亿，乡村人口 7.9 亿，城镇人口 1.7 亿，城市化率 18%。全国的就业人口 4 亿，2.8 亿在农业，0.69 亿在工业，0.49 亿在服务业，农业就业人口占总就业人口的 70%。考虑到老年人和青少年在农村大量参加农业劳动，但是在城镇却无法正常就业，农业实际的就业占比要更高，可能达到 80%。中国第一代经济学家，大都是农业经济学家，原因很简单，那时候农业是中国的"支柱产业"，农业问题是最重要的问题。

短短 40 年之后，中国的城乡局面已经发生了天翻地覆的变化。看最新公开可得的 2018 年数据，全国总人口 14 亿，就业人口 7.8 亿，其中 2.1 亿在农业，2.2 亿在工业，3.5 亿在服务业。考虑到农业就业人口可能存在的高估，实际的农业就业人口还要少一些。农业就业人口的占比，已经从 80% 下降到 27% 甚至更低，很多人已经离开土地，汇入城市了。每年春节的返乡潮，是大量农民工已经进城的集中写照。在他们充满哀怨的返乡见闻中，故乡的村落已经衰落，已经只剩下老人和小孩了。当然，还有他们依依不舍的乡愁，在大规模的城市化浪潮中，这样的乡愁不可避免。

然而，中国农民向城市转移的过程，远不是一帆风顺的。"离土不离乡，就地工业化"的乡镇企业，是中国农民向往城市、拥抱工业文明的第一次努力。"自带干粮进城"这句话，听起来有点心酸，却突破了"离土不离乡"的禁令，撕开了向城市转移的第一道口子，在当时是个很大的进步。1992 年开始的大规模"民工潮"，真正拉开了中国农民"离开土地，汇成城市"的大幕。

中国有文字记载的历史从商朝开始，迄今已经 3 000 多年。3 000 多年来，中国一直是个以农民为主的国家。1978 年开始的改革开放，第一次改变了这一局面，中国农民第一次大规模地"离开土地，汇成城市"，这无疑是改革开放 40 年来中国社会最根本的结构变迁。

城市是人类文明的容器，是人类最伟大的发明。人类社会已经取得的经济增长，是和城市的发展伴生的。中国改革开放已经取得的成就，很大程度上也是城市化的成果。中华文明的复兴能达到什么样的高度，很大程度上取决于城市化能走多远，取决于北京、上海、广州、深圳、杭州等城市，能否取代纽约、伦敦、东京、巴黎，成为真正的世界之都。

中国农民进城第一步：从乡村到工厂

历史是一面镜子，帮助我们照亮未来。我们不妨回首看一下过去的城市化道路，看一下这条道路起点在哪里，走到了哪里，以后会通向何方。

中国是一个以农民为主的国家。新中国农民进城，分为两步走，第一步从乡村到工厂，第二步从工厂到城市。

从乡村到工厂是中国农民进城的第一步，这一步从 1978 年开始，到 2012 年结束。在这一时期，中国经历了快速的工业化，基本实现了初级和中级的工业化，成为世界工厂和世界第二大经济体。

这一阶段的重大事件，包括确立家庭联产承包责任制，乡镇企业异军突起，民营企业蓬勃发展，住房商品化改革，加入 WTO，等等。家庭联产承包责任制解决了 10 亿人的吃饭问题，把 8 亿农民从土地上解放了出来，为工业化提供了劳动力基础。乡镇企业的异军突起，是农民从乡村到工厂的第一次尝试。因为不让离开土地，农民就把工厂开在了农村。1992 年以后，农民工进城的限制打开，农村的工厂也就是乡镇企业发展放缓，城镇的工厂迅速崛起，这就是后来的民营企业。

住房商品化和加入 WTO 这两件事，为城镇的工厂提供了巨大的市场需求。房地产拉动基建、建材、汽车、家电、机械等行业发展，使得过去十几年以来中国没有内需不足问题。加入 WTO 使得中国的巨大劳动力和世界成熟的商品流通市场结合，带来了巨大的外需。内外需结合，拉动了中国的工业生产，释放了巨大的生产力，生产技术得到巨大进步，形成了巨大的产能。

在和世界市场结合的过程中，在内需、外需的双重拉动下，中国的中低端制造业的竞争力得到极大提高，基本完成了初级和中级工业化，为更高级的工业化奠定了经济和技术基础。回首改革开放40年的历程，这是迄今为止最大的成就。

这一发展阶段的典型特征，是全国是个大工地，都在忙三件事，一是修工厂，二是搞基建，三是建房子。

修工厂有两个重要抓手，一个是招商引资，另一个是建工业园区，二者都是快速工业化的重要抓手，实质是降低工业化的初始成本，快速形成产能，开拓和占领国内、国外市场。

大规模基建的实质，是完善基础设施网络，降低市场流通的成本，帮助形成更大规模的市场。在以前基础设施很不完善的背景下，大规模的基建，在方向上也没有错。

房地产的实质，不仅是满足居住需求，更重要的担当是作为中国经济发展的金融模式，为中国经济发展"融资"。中国的快速工业化需要大量资金，这个资金从哪里来？对中国这样大体量的经济体而言，依赖外资不现实，外资体量太小，只能是最大限度地动员国内储蓄。

在银行体系效率低下，股票和债券市场刚刚起步、很不完善的背景下，房地产市场担起了这个重任。从地方政府和企业的角度来说，土地提供了一种很好的投资工具。从居民的角度来说，房子提供了一种很好的储蓄工具，这对投资渠道匮乏的中国家庭尤其重要。地方政府卖地建房，相当于是向居民发行"城市发展股票"，买了这只"股票"的人，都获利颇丰。换句话说，中国股民在A股市场上没挣到钱，但是在"城市股票"上挣了很多钱。从这个角度看，虽然房地产市场上存在很多乱象，造成了很多扭曲，但是房地产市场的正面作用，不应被忽视、低估。

中国农民进城第二步：从工厂到城市

刚才讲的是从乡村到工厂，是中国农民进城的第一步。在此之后，中国农民开始了从工厂到城市的第二步征程。这个阶段的特征，是城市替代工厂，成为经济和社会发展的主要动力。

从2013年开始，我国经济发展出现了一些新的变化，集中表现为经济增速的"三个反超"和房地产价格的"一个分化"。这"三个反超"和"一个分化"，从数据上可以非常清楚地看到。

经济增速的"三个反超"，指的是大城市对中小城市的反超、消费型城市对投资型城市的反超、服务型城市对工业型城市的反超。这三个反超，说明以服务和消费为基本特征的大城市，已经取代以投资和工业为基本特征的中小城市，成为经济发展的主战场。

房地产价格的"一个分化"，指的是从2013年开始，中国房地产市场结束了大中小城市"同涨同跌"的局面，开始了"大城市大涨，中城市小涨，小城市基本不涨"的分化格局。2013年是中国房地产市场的分化元年。房价是一个城市发展潜力的综合反映，房价的分化说明中国城市发展遍地开花的局面已经结束，潜力大的城市开始领跑。

"三个反超"和"一个分化"的背后，是中国经济增长机制的重大变化。经济发展的动能，从工业化转变为城市化。经济发展的主动力，从工厂转变为城市。农民作为中国经济和社会变迁的生力军，将要完成从工厂到城市的关键转移，完成从工人到市民的身份蜕变。

在中国农民进城的第一阶段，表面上进的是"城"，实际上进的是"工厂"。大量的农民工，进的是车间和工地。在快速工业化的背景下，这有高度的合理性。没有就业机会的进城，不会带来经济增长和社会繁荣。拉美国家比如巴西、阿根廷，虽然城市化率很高，但是由于没有充分的产业支撑，经济发展遇到很大瓶颈，陷入中等收入陷阱。

其实，在这一历史阶段，中国的城市，其实就是工厂，因为这些城市是以工厂为核心建立的。没有工厂，就没有就业，没有生产，没有经济增长，没有税收。相关的生产型服务行业，也是以工厂为依托的。后人回头看这一段历史，一定会从"招商引资"和"工业园区"这两个充满时代特色的词语中，清晰地看到工厂在这一阶段城市发展中的核心作用。

不过，由于缺乏市民身份和基本的公共服务，这些农民有了一个特殊的名称"农民工"。这个词的意思是说，这些农民虽然在城里，但他们不是市民，而是工人，是城市的过客。中国农民进城的第二步，是从过客变成居民，从工厂走出来，走到街上，融入城市。尽管面临各种困难，中国农民吃苦耐劳的精神和创造财富的能力是毋庸置疑的。从这个视角看，很容易明白中国城市房价的"涨声不断"。

中国的"再城市化"

中国是一个以农民为主的国家，中国农民进城的"两步走"，必然对应着中国城市化的"两步走"，第一步是城镇化，第二步是都市化。

中国城市化的第一步，是城镇化，核心是建工厂，以工厂为核心建城市。这一步高度符合中国当时的国情，也取得了巨大的成功。在这一步，中国完成了初步的工业化，完成了资本的原始积累，形成了初步的国内市场，为进一步的经济和社会发展打下了基础。目前这一步已经基本完成，中国已经实现了基本的工业化，成为世界工厂，成为世界第二大经济体。

中国城市化的第二步，是都市化，是把以前以工厂、以生产为核心的城镇，改造为以市场、以交换为核心的都市。为了突出第二步的重要性，我们可以称之为"再城市化"。再城市化，不是抛弃以前的城镇，而是以"城"为基础，发展"市"。在"城"与"市"的二元对立中，"城"是经济基础，"市"是上层建筑，"城"是硬件，"市"是软件。没有"城"，"市"没有载体；没有"市"，

"城"没有活力。

在很多国家，从乡村到工厂，从工厂到城市这两步，是同时进行、交替前进的。但是在我国的具体国情下，这两步在一定程度上被分开了。具体说，工业化领先于城市化单兵突进，而不是双轮驱动，根源于中国两个天然存在的优势。

首先，后发国家的技术学习优势。中国的经济起飞晚，可以充分学习高收入国家的先进技术，和自己的劳动力结合，快速实现工业化。不仅技术，很多产品也是借鉴高收入国家的发展路径，风险很小。

其次，成熟的世界商品流通市场，给中国带来了现成的市场资源。中国的改革开放，恰逢第二次经济全球化，世界商品流通市场趋于完善，中国可以充分利用世界市场资源进行大规模工业生产，而不必一步一步开发市场，这样就进一步加速了工业化。

和工业化相比，城市化没有那么快。工业生产在劳动力、资金、技术到位的情况下，可以快速复制、快速迭代，工业化的速度可以非常快。但是城市的本质是人口聚集而成的一套生态系统，是一套基础设施之上的功能机构分工复杂的网络，只能慢慢生产出来，不是一下子能"复制"出来的，硬性复制很容易出"鬼城"。工业化的突飞猛进和城市的慢慢生长，客观上形成了"工业化超前，城市化滞后"的局面。

中国的再城市化，就是要解决城市化滞后的问题。以前，我们比较注意城市硬件；以后，要更加注意城市软件。具体而言，就是要提高城市管理水平，提高城市承载力，吸纳更多的人口，让城市的毛细血管发育，让城市成长为健全的生命有机体，更加便利、舒适、宜居。

城市发展的终极目标，是成为14亿中国人身体舒张、灵魂飞翔的港湾。这一点做得有多好，将决定中华文明能够达到的高度。

城市是人类文明的坐标

人类从乡村向城市的迁移，并不是区域特征，而是人类的基本路径，并伴随着整个文明史。无论是东方的中华文明，还是西方的地中海文明，每一次繁荣都以一个按当时标准的超级城市为特征。从古巴比伦到古希腊，从古罗马到君士坦丁堡，从商朝的殷都到春秋战国时期的洛邑，从唐朝的长安到宋朝的汴京、临安，再到明朝的北京，这些都是当时的超级大城市。

"条条大路通罗马"这句话的本意，是古罗马帝国的每一条路，都通向首都罗马，都可以为罗马运送粮食和物品。公元150年左右，也就是将近1 900年前，古罗马帝国达到鼎盛，疆域横跨地中海，其首都罗马盛极一时，人口达到100万左右，是人类历史上第一个百万人口巨型城市，比我国的唐朝长安还要早500年左右。当时的罗马，是地中海的中心，也是世界的中心。

经济史学家保罗·贝洛赫在《城市与经济发展》一书的开篇写道："这世界上没什么事情比城市的兴起更令人着迷了。没有城市，人类的文明就无从谈起。"人类历史上有趣的故事，都发生在城市里。

城市不仅在历史上是文明的坐标，也是现代经济和社会生活的载体。在主要发达国家，城市化率都达到 80% 左右甚至 90% 以上。而且，95% 以上的经济产出，都在工业和服务业，都集中在城市特别是大城市，农业的产值比重很低，大约在 1% 左右，德国、英国都只有 0.65% 左右，法国高一些，也不到 1.7%。农业就业的比重也很低，较高的日本有 3.6%，德国、英国都只有 1% 多一点。

改革开放 40 年，中国正在向进一步的城市化迈进。城市的进一步发展，也仅有城市的进一步发展，才能将中华文明带上更高的高度。

北京、上海、广州、深圳已经位列世界上最大的城市，人口规模已经很大，资源集聚能力已经得到证明。还能走多远，想象空间无限。中国是个大国，人口基数大，发展潜力大，城市化率还只有 59% 左右，又恰逢数字技术和智能革命的时代，一切皆有可能。

第二篇

中国经济
寻找新动能

第二章

三个反超：数据中的经济动能转换

过去十多年，中国一直在寻找经济增长的新动能。其实，经济新动能在数据中已经有明显的蛛丝马迹。这种新动能是否能够持续、壮大，取决于我们怎么做。

2008—2009 年金融危机以来，我国经济增速持续下行，一路跌破 10%、9%、8%、7% 四个关口，趋势上看可能还会继续向下。

经济增速的持续下行，凸显了过去的增长方式不可持续。未来经济会怎样？经济增长方式能不能转变？经济增长的新动能在哪里？这些问题并非事不关己的"假大空"，而是关系到社稷民生。没有持续稳定的经济增长，就谈不上改善民生，社会矛盾也会积聚和爆发。

判断未来的方向，要从理论和实证两方面寻找线索。我们先从数据上展开分析，可以发现，我国的经济增长方式已经发生了一些重要的变化，拐点在 2013 年，这个变化可以概括为"从工业化到城市化"，可谓是"过去已去，未来已来"。

2013 年之前，我国的经济增长是由工业化主导的，以工业化为主发动机。在这一过程中，我们变成了世界的工厂，成长为全球第二大经济体。2013 年开始，我们的增长方式，转变为城市化主导，以大中型城市的发展为主发动机。这一转变，前文提过，集中表现为经济增长速度的"三个反超"。

我们首先来比较一、二、三线城市的经济增长速度，也就是大中小城市的增长速度（图 2-1）。一线城市指北京、上海、广州、深圳四个特大城市，二线城市指一线以外的大中城市，包括重庆、厦门、青岛、大连和大部分省会城市，三线城市指其他的中小城市。图 2-1 显示，大部分时间里我国二、三线城市的经济增速是快于一线城市的，差距达到 3 个百分点左右。但是从 2013

年开始，一线城市的经济增长速度超过二、三线城市，成为经济增长的龙头，并且保持了反超的态势。

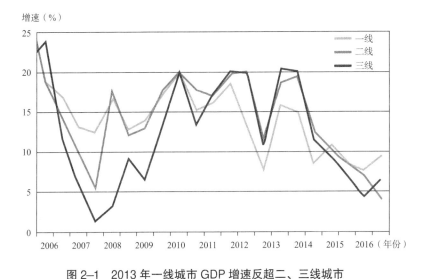

图 2-1　2013 年一线城市 GDP 增速反超二、三线城市

　　在经济减速的背景下，一线城市的相对稳定，还起到了经济稳定器的作用。这不是大城市第一次发挥出经济稳定器的作用。20 世纪末，也就是 1998 年、1999 年的时候，中国经历了一次严重的经济疲软，那是改革开放以来我国经济最困难的时期，很多农民工没工可打，只好回乡。经济增速"保八"，就是那个时候提出来的。在那几年，也是一线城市的增速比二、三线城市快。看起来，每当经济不景气的时候，一线城市就挺身而出，成为经济的稳定器。要使国民经济保持稳定增长，这个现象，不可不察，这么重要的证据，不可不看。

我们进一步比较消费型城市和投资型城市的经济和人口增长速度（图2-2）。消费型城市和投资型城市的划分标准，是社会消费品零售总额和固定资产投资的相对大小，前者大则为消费型城市，后者大则为投资型城市。由于常住人口的数据缺失，我们统一用户籍人口来比较人口增速。

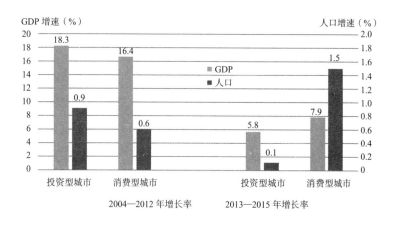

图2-2　消费型城市反超投资型城市

图2-2显示，从2013年开始，消费型城市的经济和人口增长速度都反超了投资型城市。2004—2012年间，投资型城市比消费型城市的经济增速快，人口增速也快，差距比较明显，经济增速快了1.9个百分点，人口增速分别为0.9%和0.6%，快了0.3%。2013—2015年，这一模式发生了彻底的反转，消费型城市全面反超投资型城市。而且，二者的差距不是一点点，而是非常大。经济增长速度分别为7.9%和5.8%，消费型城市快了2.1个百分点，

相当于经济平均增速的 1/3。人口增速分别为 1.5% 和 0.1%，消费型城市是投资型城市的 15 倍，可谓天差地别。

消费型城市和投资型城市的比较，体现的是经济支出结构的变化。在过去的大部分时间里，我国的经济增长是由投资拉动的，投资在国民经济中的占比很大，甚至引起过很多"投资过度"的担忧。从 2013 年起，这个担忧成为过去时，消费型城市的增速反超投资型城市，消费已经成为经济增长的主导力量。这几年宏观数据中消费增速的稳健和投资增速的下滑，佐证了这一点。

其实呢，过去底子薄，多投资在战略方向上是对的。不投资，哪里来的机器设备和生产能力，哪里来的道路设施，哪里来的学校医院，哪里来的房屋地产？现在收入到一定水平了，消费自然会增加，加上投资增速放缓，消费的占比自然会增加，这其实是个自然而然的过程。对于"投资过度"的担忧，很多时候是没有看到这个动态发展的过程。至于腐败分子搞的奢华的楼堂馆所、腐败工程，那是腐败问题，要和投资问题分开。

第三个比较，我们来比较一下服务型城市和工业型城市的增速（图 2-3）。上述投资和消费，是支出结构，是从经济生活的两大需求来看经济结构。服务型城市和工业型城市，看的是经济的生产结构，看的是第二产业和第三产业的相对体量。这两类城市的划分依据，是第二产业和第三产业的相对大小，第二产业大则为工业型城市，第三产业大则为服务型城市。

图 2-3 显示，2013 年开始，服务型城市反超工业型城市。

2004—2012 年，不管是从经济增速还是人口增速来看，这两组城市
都是差不多的，差别很小。而从 2013 年起，这一规律开始发生很
大的变化。2013—2015 年间，不管是人口增速还是经济增速，服务
型城市都大幅超过工业型城市。人口增速差得很大，一个是 0.1%，
一个是 0.8%，差了 7 倍。经济增速差距也很大，一个是 5.4%，一
个是 8.8%，相差 3.4%，相当于我国经济总体增速的一半。这么
大的差距，说明服务业的发展已经成为我国经济增长的主要力量。

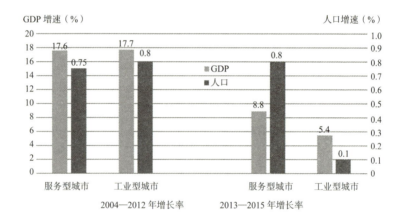

图 2-3　服务型城市反超工业型城市

　　上面三张图综合起来，说明不管是从城市规模，还是从生产
与支出结构上看，我国的经济增长方式都已经发生了变化。那么，
这三个变化是独立的变化，还是有共同的根源呢？经验上看，大
城市往往服务业占比高、工业生产占比低，同时消费占比高、投
资占比低。这样的话，这三个变化是关联在一起的。下结论之前，

我们来看一下数据。

图 2-4 显示，一线城市的第二产业比二、三线城市的低很多，而第三产业比二、三线城市高很多，而且差距很大。一、二、三线城市第二产业占 GDP 比重分别为 31.2%、42.9%、47.7%，最大相差 16.5 个百分点，第三产业比重分别为 68.2%、52.8%、38.8%，最大相差 29.4 个百分点。换句话说，一线城市是服务型城市，而二、三线城市则更多是工业型城市。前面说的服务业型城市反超工业型城市，与大城市增速反超中小城市，是一致的。

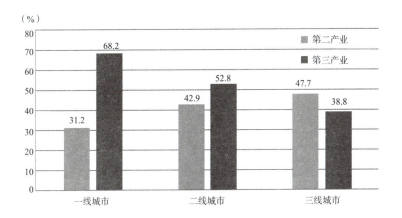

图 2-4 一、二、三线城市的产业结构（2015 年）

图 2-5 显示，一、二、三线城市社会消费品零售总额与 GDP 的比重相差不大，都在 40% 左右，但是固定资产投资与 GDP 的比重相差很大，一线只有 27%，二线达到 78%，三线则高达 91%。二、三线城市如此依赖投资，在投资增速下行的背景下，

整体的经济增速也就难免下行。所以，一线城市增速的反超，与投资的下行，也是一致的。

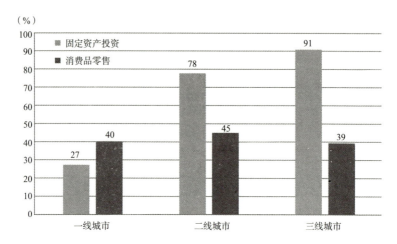

图2-5　一、二、三线城市的消费、投资与GDP之比（2015年）

用一句话概括上述发现，就是以服务和消费为主要优势的大城市，已经超过以工业生产和投资为主要优势的中小城市，成为经济增长的新动能。大城市主导经济增长的时代已经到来。

需要进一步思考的问题是，这个变化是如何发生的，会不会持续下去。一个可能性是，2010年以来我国逐步进行紧缩，扩张性政策逐步退出，这样一来，对政策刺激更敏感的中小城市、投资、第二产业就慢慢减速，而更加依赖内生市场力量的大城市、消费、服务类行业就慢慢占据相对优势。如果是这样，我们的政策取向，应该是继续孕育市场力量。只有这样，经济新动能才能持续下去。

第三章
此消彼长：服务业经济悄然到来

服务业发展的相对滞后，不过是快速工业化的同义反复。随着工业化速度的减缓，服务业占国民收入的比例越来越大，服务业为主导的经济，已经悄然到来。

前文说到，我国经济增长方式在 2013 年发生重大变化，以服务和消费为主的大城市，全面反超以工业和投资为主的中小城市，成为经济增长的新动能。这种反超，集中体现在经济增长速度的"三个反超"上。

这"三个反超"不仅说明大城市主导的时代已经到来，更重要的是经济结构已经发生了根本的变化。从数据中我们看到，大城市生产方面以服务业为主，支出方面以消费为主；中小城市生产方面以工业为主，支出方面以投资为主。所以，大城市主导增长的时代，也是服务与消费主导经济的时代。这两个时代的分界，是 2013 年。

这种分界，在数据上有清楚的显示。除"三个反超"外，还有一个重要的数据，就是服务业在国民经济中的占比，已经超过以工业为主的第二产业，成为国民经济的主导部门。

具体看数字。2012 年，我国第二产业、第三产业在 GDP 中的比重，都是 45.3%，可谓平分秋色。到了 2013 年，第二产业占比为 44%，第三产业占比的 46.7%，第三产业全面超越第二产业，成为国民经济的主导部门。2013 年以后，服务业占比一直上升，成为经济中最大的产业部门，到了 2016 年，已经超过一半，达到 51.3%。服务业主导经济的时代，已经悄然到来。

实际上，由于统计口径上的一些问题，我国第三产业占比可能被低估了，实际的占比更大。比如说，我国的很多第二产业部门企业，包括采掘业、制造业、建筑业，其实内部有很多服务业部门。比如很多大企业有食堂、车队，甚至附属的幼儿园。这些

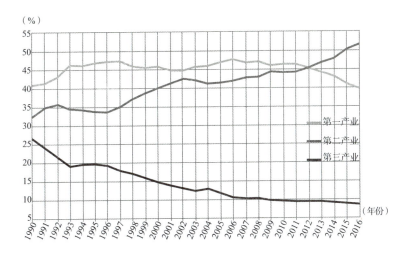

图 3-1　服务业经济于 2013 年悄然到来。图中三条线显示的是三大产业占 GDP 的比重。2013 年，第三产业（服务业）第一次超越第二产业，成为国民经济的主导部门

都是服务业部门，严格意义上应该计入服务业，但实际上很多时候是计入相关的工矿企业，导致服务业部门占比被低估。国外高收入国家的企业也有服务部门，但是比国内要小很多。所以，从比较的角度，我国的服务业部门被相对低估了。

　　中国经济结构的扭曲，是财经十分受关注的话题，多年来一直如此。其中有一个重要的方面叫作"服务业滞后"，说的是中国的经济产出中，服务业占比过低。这个现象以前是存在的，比如说 2008 年，我国服务业占国内生产总值的比重为 42.8%。作为比较，世界平均水平约为 70%，高收入和中高收入国家平均水平分别约为 73% 和 60%，而中低和低收入国家的平均份额也有 45%

左右。也就是说，我国的服务业发展水平比低收入国家的平均水平还要低。我国的服务业占比，在 1992—1996 年和 2002—2006 年这两段时间，甚至是下降的。

"服务业滞后"这个问题，在以往很长时间里确实是存在的。金融危机以后，我国服务业占比快速上升，从 2008 年的 42.8%，上涨到 2016 年的 51.6%，8 年上涨 8.8% 个百分点，平均每年上涨 1.1 个百分点，这个速度不可谓不快。结合这一新的情况，我们不妨再问一下为什么。

之前有很多研究，从很多方面讨论中国服务业滞后的问题，比如说中国的市场环境、法治环境、产权保护等软性基础设施不利于服务业的发展。这些讨论都有道理，但是要怎么验证？我们能提供有说服力的证据，来支撑这些观点吗？

市场环境、法治环境、产权保护都是异常重要，同时又异常复杂的概念，这些概念的界定都很困难，要真的用它们来解释具体的事情，就需要先具体化，找到发生作用的机制和路径，再进行相应的量化。人们对这些东西的具体运作规律的理解还很浅，更谈不上准确测量，任何测量都代表着一种"致命的自负"，最多有边际意义上的参考价值，不可能有任何确定性的结论。

关于市场环境、法治环境、产权保护这些概念，还有一个重要的问题，就是如何建立市场、法治、产权。我们可以同意的是，倘若有一个很好的市场环境，对于契约有很好的法治保护，契约能够得到很好的执行，契约的产权能够得到保护，那么服务业是能够得到很好的发展的。问题是，我们无法假设这些前提条件。如何孕育这些条件，其实才是问题的实质。通过做这些假设，实际上我们在研究一个假问题，或者说我们把真问题假设掉了。

翻开人类的经济史，可以看到没有哪个地方一开始就有很好的市场环境、很好的法治和产权保护。这些都是经济发展的结果，而不是原因。所以，真正的问题是如何促进经济的发展，在发展中建立这些让我们憧憬的制度。倘若没有经济发展，你能想象建立这些制度吗？即便通过某种魔幻的方式建立了，能持续存在吗？

市场和产权是我们能够想到的最美好的事物。美好的事物一定不是免费的，而是很昂贵的，是要花很多成本才能得到的，得到之后还要花很多成本维护。那么多国家朝思暮想而不可得，越发见其稀缺与昂贵，万不可用"假设已经存在"的态度对待。万般艰辛，用一个"假设"武断定论，还做什么研究？

已故的经济学家科斯早有警告，经济学家们无法处理真实复杂的世界，就用一个假想的世界替代它，真是一针见血。这样的警告倘若不够振聋发聩，真不知道经济学家们是不是真的聋了。掩耳盗铃，也不过如此吧。

回到我国的服务业滞后问题，其实有个很简单的解释。给定农业占比不大，而且比较稳定、逐步下降的情况下，服务业占比低，它的等价含义就是工业占比高。工业占比高是因为前些年我国工业所发展太快了。服务业虽然也有所发展，但是相对较慢，于是占比就低了。

回想一下近 20 年我国的经济发展动力，就是加入 WTO 带来大量出口，房地产改革导致房地产大发展，然后带动大量的基础设施投资，以及大件消费品的生产，比如汽车、空调、洗衣机、电冰箱等。房、车、路、出口等这些产业，最直接相关的是制造业、采掘业、建筑业，都是第二产业的内容。因此，在这些年经济高速发展的背景下，第二产业发展很快，并不奇怪。

在此过程中，工业的发展也带动了服务业的发展。比如生产性服务业需要配合工业发展，服务和促进制造业、采掘业、建筑业的发展。再比如收入提高了，消费性服务业也会发展，像餐饮、旅游、娱乐等。可是，增长的最终源动力在第二产业，所以服务业的发展是被拉动的，会稍微慢一点。从这个角度讲，我国的服务业滞后，是特定发展路径的伴生现象。

所以，我国的服务业滞后，是工业发展快的另一面。我们从20世纪90年代至今这么多年经济快速增长，源动力在于快速的工业增长。服务业的相对滞后，不过是快速工业化的同义语。过度强调服务业滞后，而忽视快速工业化这个大背景，是研究的问题没有定义清楚，无异于研究一个假问题。

最后需要强调的是，现实中确实存在一些重点服务业部门发展滞后，不能满足人们对美好生活的需求，比如教育产业、医疗产业。教育、医疗、住房，已经成为压在人们头上新的"三座大山"，严重制约社会的发展。教育改革、医疗改革讨论了这么多年，进展依然不大，问题依然很多，背后的底层逻辑需要理顺。从正面说，倘若能够理顺逻辑，找到突破口，服务业将成为经济进一步发展的动力。

第四章
房价分化的故事：房子不仅仅是房子

2013 年以来，我国房价发生了一个结构性变化。大中小城市的房价，由以前的"同涨同跌"，转变为"大城市大涨，中城市中涨，小城市小涨"。房价分化的背后，是人口流动规律的变化，反映了亿万人的选择。选择不同的城市，就是选择不同的人生。亿万人的选择背后的经济规律，不应被忽视。

前文说到，我国经济增长的新动能已经浮现，大城市主导经济增长的时代已经到来，分水岭是 2013 年。关于这一点，我们在产业结构上也看到了支撑，表现为服务业的加速发展，以及服务型城市和消费型城市经济增速的反超。

宏观的问题都有微观的表象，在本章中我们将寻找微观层面的证据。房地产是国民经济的支柱产业，很多宏观现象在房价上有所反映，大家也都很关心房价，因此我们来看看房地产市场的情况。

首先来看这张房地产价格的图（图 4–1）。这个图是从 2010 年以来，我们国家一、二、三线城市房地产价格的累计增速，我们把 2010 年 6 月的价格标准化为 1，最上面的 1.96 意味着一线城市房价从 2010 年 6 月到 2017 年 8 月涨了 96%，几乎翻了一番。二线城市涨了 40%，三线城市涨了 21%。一个很直观的结论就是一线城市涨得很快，二线城市涨得比较快，三线城市涨得很慢，几乎没有什么增长。2016 年下半年以来，三线城市才开始涨得比较凶，这跟 2016 年国庆以来出台的严厉的房地产调控政策有关。由于政策上严控一线、二线城市，限购、限售、限贷，导致一、二线城市的房地产需求被暂时抑制，有潜力的、大城市附近的三线城市房价开始上涨。

这张图不仅直观反映了 2010 年以来我国房地产价格的基本情况，其中还包含了一条更重要的信息。在 2013 年以前，图中三条线基本是重合的，一直到 2012 年 12 月。从 2010 年到 2012 年（包

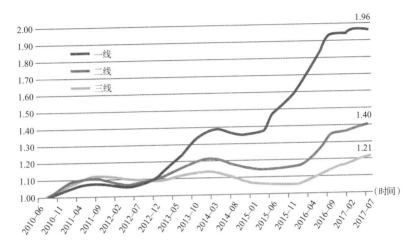

图4-1　2013年是房地产分化元年。图中三条线是一、二、三线城市
　　　　房价累计涨幅（2010年6月=1）

数据来源：wind百城住宅价格和70城住宅价格。

括2012年）之前，我们的房地产市场有一个特点，就是大中小城
市"同起同落"，从统计上平均之后看不到什么区别。我们可以把
这三条线往前延长，结论是一样的。但是这个"同起同落"的现
象从2013年开始，发生了巨大的变化。2013年之后，一线城市
涨得特别凶，二线涨得比一线城市慢，三线涨得很少。认真观察
过中国房地产市场的，比如从事房地产行业的一些人，都知道这
个分化的现象。

　　所以，2013年是中国房地产市场的分化元年。2013年以前，
买房子随便买，买哪里都赚，赚得都不少，差异不太大。2013年
开始，房子就不能随便买了，买对了，能涨很多，买错了，不仅

不涨，还会跌。比如，2014 年下半年和 2015 年，二、三线城市的房价没有上涨，跌了一点。但是一线城市几乎没跌，而且从 2015 年夏天开始，还开始涨了，涨了很多，速度很猛。

那么，分化的原因是什么？背后藏着什么道理？房地产这个事情，宏观上有一个大词叫"国民经济的支柱产业"，微观上一个小词叫"家庭财富最主要的组成部分"，宏观、微观上都很重要，对国计民生都很重要。

房地产价格是一个地区、一个城市的经济活力的最重要表现，是一个地方经济增长潜力、人口吸附能力、社会进化动力的最重要指标。房价涨说明这个地方好，吸引人，很多人买房。因此房价这个指标的背后，是居民用自己的钱在进行投票。从这个角度看，这个指标比你想到的很多指标，比如收入、学校、医院、道路、环境等，都要好，因为这些指标只看某一方面，而房价综合反映诸多方面，包括很多很难测量的方面，比如便宜宜居、商业文化、市场环境、做生意难易程度、政府服务的质量等。

从这个角度看，房地产价格是人们选择的结果，是一个地区深层经济力量的显现。因此，我们需要进一步深究房价变化背后的力量。

我们来看一组数据，看人口流动的趋势。图 4-2 显示的是 2004—2012 年和 2013—2015 年两个时间段不同规模城市人口的年均增速，前面一段时间是 2004—2012 年，后面一段是 2013—2015 年。这张图画的是我们国家 287 个地级市和地级以上城市的人口变化，都是用的户籍人口。在 2004 年和 2013 年，我们把这 287 个城市按照经济规模分成 6 组，然后看 6 组城市的平均人口流入速度。

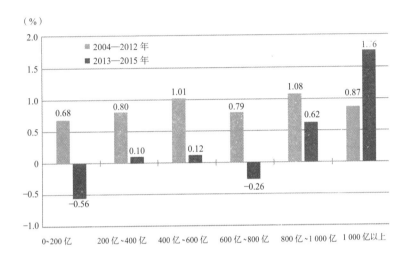

图 4-2　**人口加速向大城市聚集。这张图比较大小城市在两个时间段的人口增速**

数据来源：CEIC（图中横轴标识的是 2004 年的分组依据，2013 年相应的分组依据为 0~500 亿，500 亿~1 000 亿，1 000 亿~2 000 亿，2 000 亿~5 000 亿，5 000 亿~10 000 亿，10 000 亿以上）。

可以看到，2013 年以前，每一组城市的人口流入速度是差不多的，如果画一条趋势线的话，基本是平的，大城市稍微快一点，但是并不显著。2013 年以后，人口流动的规律发生了根本性的变化。特大城市和大城市人口持续流入，其中特大城市明显加速，每年流入速度翻倍，大城市虽然还在流入，但是已经显著减速了。相比之下，其他城市已经基本没有人口流入了，甚至出现了人口流出。

所以从图 4-2 看，我国的人口流动规律，已经发生了根本性的变化。2013 年以来城市房价的分化，并不是什么奇怪的现象，而是与背后的人口流动方向的变化是一致的。

进一步，我们还有一张更直观的图，来显示为什么大城市的房价增长快。图 4-3 比较了几个典型省份的人口增速和该省核心城市的人口增速，比如广东和广州、江苏和南京、福建和厦门，人口增速是 2005 年到 2017 年的增速。图 4-3 显示的是，各省的总体人口增速并不快，12 年累积平均不到一个百分点，但是核心城市的人口增速很快，像厦门、合肥的累积增长都超过了 70%，广州超过了 50%，南京、杭州、武汉、长沙、成都等城市都超过了 20%。

简言之，核心城市的人口增速，远远超过其所在省份的平均人口增速，两个速度明显不在一个数量级上。从 2005 年到 2017 年，全国人口从 13 亿增长到 13.9 亿，累积增长 7%，每年增长不到 0.6 个百分点，各省的人口增速平均值也是这个水平。但是核心城市的人口却快速增长，背后的原因是人口向核心城市的快速聚集。也就是说，村镇、小县城、一些中小地级市的人口少了，因为很多人到大城市去了。从这个角度看，2015 年以来的房价上涨，集中在核心城市，一点也不奇怪。

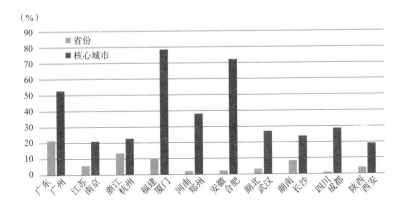

图 4-3　2015—2017 年部分省人口增速和该省核心城市人口增速。这张图
　　　　比较一个省的人口增速和该省核心城市的人口增速

数据来源：中国统计局。

　　人口流动趋势的变化，代表了亿万人对于未来趋势的判断和
选择，代表了强大的经济自发力量，不可以忽视，更不能强扭。

/ 第 三 篇 /

浓缩的历史

第五章

极简改革开放史

　　判断我国经济的未来，需要对过去和现状有一个深入的理解。从极简的角度，改革开放可以分为三个维度：农村、城市、国际。三个维度的改革一起促成了快速的工业化。40 年快速工业化打下的基础，是我国经济的基本盘。

前文讲到，我国的经济增长方式已经发生重大变化，拐点在2013年。一句话概括：过去已去，未来已来，城市化已经接力工业化成为经济发展的主驱动力，集中表现为经济增长速度的"三个反超"。此外，服务业已经成为最大的经济部门，房价分化佐证了上述变化。

接下来，我们应该如何理解这种变化？这样的变化是一个偶然，还是一种必然？是昙花一现，还是会持续下去？要回答这些问题，就要我们回溯历史，理解现状，看清当今主要经济力量的来龙去脉和基本格局，然后在此基础上去判断未来。

这个分析比较长，展开之前我先简要概括一下要点：迄今为止我国几乎所有的经济成就，都是快速工业化带来的。未来一段时间，工业化还在继续推进，但是经济增速会放缓，城市化会补上，带来的经济增长的速度没那么快，但是质量会提高。

这样的基本判断，源于我国工业化和城市化的特殊性。在其他很多国家，包括发达国家和发展中国家，城市化本来是和工业化同步的一个现象。但是在我国，因为我们可以迅速地利用别人已经有的工业技术，寻找到资金和劳动力，技术、资金、劳动力，再加上我们接入了已有的世界市场，这几个因素加在一起就可以进行大规模工业生产，我们就可以快速拥抱工业文明，这是过去所有的经济成就的实质。相对而言，城市化不能这样简单复制，会慢很多。加上土地和户籍制度的限制，城市化会更慢。

不过，工业化取得了长足进步以后，就为进一步的工业化和城市化奠定了基础，包括经济基础、技术基础、劳动力素质基础。有了这些基础，城市的发展就有了底气，市场和内需会进一步发育，我们所有的经济结构问题也都会慢慢解决。这就是我对未来的基本判断。

亮完了观点，我们从头开始分析。

我们先来简要回顾改革开放的历史进程。我把改革开放分成三个维度，分别是农村、城市、国际。倘若把改革开放的历史极度简化，其实我们就干了三件事。

第一件事叫作家庭联产承包责任制。以前农村是大集体，是人民公社制度，进一步讲就是土地公有，集体劳作。但是，已经有很多研究表明，这种方式不适合农业，因为农业是分散的，它不是流水线、标准化生产，不适合工业管理的模式，它需要更强的微观个体的激励。所谓家庭联产承包责任制，也就是包产到户，其实就是把这个激励给了农户。具体说，就是交了公粮以后，剩下的粮食都是农户自己的，这样农民的积极性一下子就上来了。

这看起来很小的一步，立马就改变了我们国家农业生产的状况。从1978年到1984年，我们国家农业生产的产量涨了40%以上。人类对于粮食消费的弹性是很小的，40%以上的粮食产量的增加，再加上1984年粮食的进口，于是我们国家出现的一个情况就是，短短几年内，从吃不饱变成了卖粮难。所以到1984年这个历史节点，我国初步解决了十亿人口的吃饭问题。在吃不饱饭的年代，这是个巨大的成就，这归功于家庭联产承包责任制。这是改革开放的第一步。

农村的故事到这里还没有完，社会现象都是连锁事件，事情是一连串的，一步步连锁发生的。这第一步还有一个伴生的效果，是什么呢？就是很多农民从土地上解放出来，他们吃饱了饭，还要寻求更加美好的生活，要去拥抱工业文明。为什么呢？因为工业的附加值高，工业中的好技术拿过来，同等劳动、资金投入下产出的价值要高得多。

所以要想致富，就要做工业。只做农业，它的发展空间不大，只能吃饱饭。当时一个情况就是不让农民进城，20世纪80年代的时候农民是不让随便进城的，进城了叫"盲流"。1984年到20世纪末出了个政策叫"自带干粮进城"，因为城市居民是有口粮的，多少人需要多少粮食是有计划的，农民进城没多余的粮食供应，所以要自带干粮，才能进城打工。1992年邓小平发表南方谈话之后，才开始大规模地鼓励农民进城打工。

回头看，在80年代，中国有一个重要的现象，叫"乡镇企业异军突起"，引起了全世界的关注，学术界还因此要创造新的经济理论。当农民吃饱了肚子，开始寻求更美好的物质文化生活的时候，他们不能进城，就只好"离土不离乡，就地工业化"，形成了乡镇企业，这就是乡镇企业的实质。

当时乡镇企业成长得很快，规模越来越大。大到什么程度？大到当时邓小平都连连感叹意想不到，说是异军突起。80年代的时候，乡镇企业是经济增长的一个重要驱动力。家庭联产承包责任制和乡镇企业，这两大事件，是在农村发生的。

90年代以后，逐渐允许和鼓励农民大规模进城了，在农村发展工业和在城镇发展工业相比，劣势就慢慢显现出来。大部分农村地区毕竟地处偏远，基础设施不发达，销售成本高，工业基础也不好，往往要靠附近大城市的技术力量。所以，在大城市周边的乡镇企业发展得比较好。工业革命以来，工业的发展一般是在城市里的。

到了90年代，慢慢取代乡镇企业的是民营企业。民营企业和其他非公企业一起变成了中国经济增长的主力军，包括外资、合资、合作等，一起促进了城市工业的快速发展。经过20世纪80年代农村改革的准备，中国经济变迁的主战场，在90年代转移到了城市。

工业的发展需要三个要素，分别是劳动力、技术、资金，这在90年代都聚齐了。第一个是劳动力，90年代到现在，有大量的农民工进城，这是劳动力来源。第二个是资金，这是从各个渠道筹集来的，比如集资，比如引进外资。我国的储蓄率高，为解决资金的问题准备了很好的条件。金融市场的发展，为资金融通打开了通道。第三个是技术，是在以前的基础上，加上向港台学、向国外学。当时合资、合作企业，除了引进资金，更重要的是引进技术。所以劳动力、资金、技术，三个要素齐了，我们国家的工业化就轰轰隆隆地展开了。这是改革的第二件事，是城市的工业发展。

刚才说的是农村和城市两个维度，还有一个重要的维度是国际维度，也就是第三件事：对外开放。1999年，我们与美国达成了加入WTO的协议，2000年跟欧盟的很多国家也达成了加入WTO协议，2001年，我们正式加入世界贸易组织。

加入世贸组织的含义是什么呢？这个含义是我们国家13.7亿人口或者说将近8亿勤劳肯干的劳动力，一下子和巨大的世界商品市场相结合了。当8亿劳动力携带着自己用各种办法筹集来的技术和资金与世界市场相结合的时候，去拥抱现有的工业技术和工业文明的时候，这个国家的工业化进程，就大大加速了。这是WTO给我们带来的真正好处。不然，21世纪以来的经济增速，不会这么快。

回头看，中国的生产要素和世界大市场的结合，是21世纪以来发生最重大事件。因为它使这个巨大的国家快速完成了工业化，彻底改变了整个世界的经济版图，整个世界的力量结构也发生了巨大的变化。这是21世纪以来这个星球上最大的变化，没有之一。

简要总结，1978年以来，我国进行了农村、城市、国际三个维度的改革，解决了吃饭问题，释放了农业劳动力，推进了快速的工业化。迄今为止我们取得的所有经济成就，包括成为世界第二大经济体、世界最大贸易体、世界工厂，都归功于快速的工业化。

第六章

光荣与梦想归于工业化

改革开放以来的一切经济成就，都可以归结于我们完成了初级
和中级的工业化，成为世界的工厂。

前文我们回顾了改革开放的历史，给了一个极简版本的叙述。改革开放的过程，就是一个解决了吃饭问题之后的快速工业化过程。现在我们来简要概括一下我国经济的现状，也可以说是改革开放的经济成就的极简概括。迄今为止的一切经济成就，都归功于快速工业化。

我们从经济总量说起。图6-1显示的是2016年世界十大经济体。现在中国是全球第二大经济体，仅次于美国，超过第三名日本两倍多，是美国的3/5，是世界的1/7。认真多看一会儿这张图的话，会改变很多批评者的世界观。

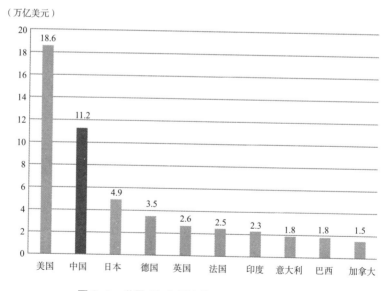

图6-1　世界10大经济体GDP（2016年）

数据来源：Wind数据库。

19 世纪中叶，英国通过鸦片战争打开了中国的国门，中国开始与世界相连，明清时代的闭关锁国终于成为过去。我们从被帝国主义列强欺负，从被坚船利炮打开大门，从一穷二白，到全球第二大经济体，看到这个成绩你会对目前所有问题的看法产生一点点变化。回想起鲁迅先生的话"人类的血战前行的历史，正如煤的形成"，你会意识到，人类的发展历程，从来都不是玫瑰色的。你可能会意识到，也许很多问题都是发展带来的，特别是快速发展带来的，也许发展过程中就是会产生这些问题，产生这样那样的问题。实际上，哪个国家没有问题？这样想的话，你可能会少一点求全责备，多一点解决问题的耐心。我不知道这样的耐心能不能解决问题，但是着急一定是于事无补的。

图 6–2 告诉我们，中国现在是世界工厂，是名副其实的世界工厂。主要大件消费品的产量，彩电、空调、冰箱、洗衣机等，我们都是世界第一。我小时候家里穷，农村的工业品极度匮乏，自行车绝对是奢侈品，手表更别提了。改革开放不到 40 年，这一切主要工业品，看起来很高档的产品，我们的产量都是世界第一，而且中低端包括一些高端产品的质量都很好。我把这个，叫作社会进步。

比如说空调，中国的产量占世界的 87.5% 以上，即便如此，增长的空间还很大。世界上最需要空调的地方是印度和非洲，这两个地方很热，还很穷，工业基础很差，所以空调的需求空间还很大，这意味着空调产量上升的空间还有很大。印度才 1 700 美元的人

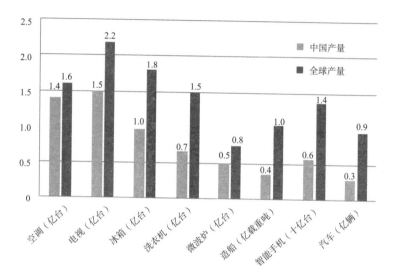

图 6-2　2017 年主要产品产量

均收入，只有中国的 1/5 多一点，非洲人均收入更低，它们加起来有 20 多亿人口。而中国美的、格力等企业已经掌握了比较先进的生产技术，它们的产量还会增加。

再看一下造船，造船是很大的系统工程，从材料，到电路，到设计，非常复杂。这么复杂的产品，中国的产量也是世界第一。

再来看汽车。工业时代的家用消费品的皇冠是什么？是汽车，因为它量大，单件价值高，技术要求也复杂。我们汽车的产量也已经是全球第一了，2016 年我们汽车的产量是 2 800 多万辆，日本 2 700 多万辆，我们超过日本是全球第一了。中国这几年自主品牌的研发投入非常大，技术进步非常快。

做工业的人都知道，就是当市场很大的时候，固定成本就被摊薄了，研发成本也会摊薄，利润就高。利润高的时候，就可以投入更多资金做研发，这是技术进步最重要的驱动力。研发投入多，技术进步快，成本就会进一步降低，质量会进一步提高，然后占领更大的市场，进入良性循环。那么，面对这么大的汽车市场，中国的汽车行业会怎么走？我能看到的是，10年之内，中国肯定会有家世界级的汽车企业，能和宝马、大众、奔驰相提并论。

图6-2还有些其他产品没有列出，比如中国纺织品占世界市场的份额，玩具、鞋子、袜子占市场的份额，几乎所有的产品都是世界第一。但是，中国技术距离世界顶端还有一些差距，有些领域的差距还比较大，那就意味着还有很多研发投入的空间，需要继续追赶。

图6-3是看世界工厂的另外一个情况，看主要大宗商品的消费量，像石油、煤炭、电力、钢材，我们都是世界领先。只有石油消费是美国超越了中国。但是这个不妨碍中国世界工厂的地位，首先，世界工厂不需要每一样都是世界第一，世界这么大，大家都有空间的。其次，因为美国地广人稀，美国的石油消费一大块是私家车。美国每千人汽车保有量是800辆，中国每千人的汽车保有量只有140辆，而且美国地方大，上下班都是开车，很多汽油耗在路上。而中国的石油很大的比例是在生产，或者运输，所以从生产的角度来说，中国还是世界第一。

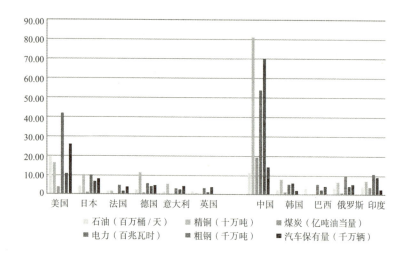

图6-3　2015年大宗商品消费量和汽车保有量

数据来源：Wind数据库。

　　也许有人会说，中国总的消费大是因为人多，人均消费量怎么样？这个问题要用两句话来回答。第一句，因为人多，所以要看到发展的不平衡，还有很多很穷的地方，大宗商品的消费是集中在工业发达地区的，落后地区还有很大的潜力。第二句，中国的人均消费量也不低。图6-4为大宗商品人均消费量。人这么多，人均还不低，不正是说明我们的总量非常大吗？这里面有点辩论而不是讨论的意思。其实，中国这么大，问题是很多。但是只看问题，不看成就，不从已有成就中总结经验，是不对的。

　　到目前为止，我们说的都是工业化的成绩，说的都是正面的

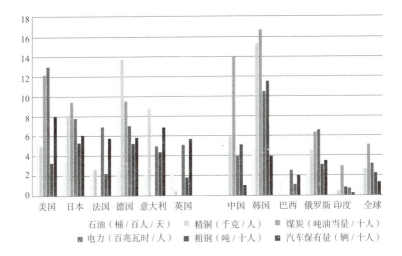

图 6—4　2015 年大宗商品人均消费量和汽车保有量

数据来源：Wind 数据库。

因素。这些成绩大家都看得见，但是有时候可能已经习以为常了，不觉得特别珍贵，其实取得这些成绩很难的。我父亲那一代人就远没有我们这一代人富足，他们前半生在贫穷中度过，一生操劳不过为了家人一口饱饭。我们这一代人没有受过真正的贫穷，这是这 40 年来的巨大成就，不可以被忽视。

　　工业化有没有负面因素？当然有，而且很多，比如大家都很关心的空气污染、环境保护问题，无疑需要重视和解决，否则挣的钱都变成医药费了，生活质量没提高，这是不行的。再比如收入差距问题，我们的贫富差距很大，特别是城乡差距很大，很影响社会公正、社会稳定。收入有差距是可以理解的，但差距过大就不合理了。

下一章我们将重点讨论工业化进程中的一个重要结构问题，叫作"工业化超前，城市化滞后"。我们即将看到，这其实是我国所有经济结构问题的根源所在。

第七章
"工业化超前，城市化滞后"：经济结构的根源性特征

　　"工业化超前，城市化滞后"，是我国经济结构的根源性特征。其他经济结构问题，比如投资占比过大、过度依赖净出口、服务业发展滞后，根源都在于这一根本特征。

我们在前文强调，我国迄今为止的经济成就，主要归功于工业化的快速推进。本章我们切换视角，接着讲另一个要点，就是迄今为止我国的经济结构扭曲问题，根源也在快速的工业化。用一句不太准确的话概括，就是"成也萧何，败也萧何"。

图 7-1 描述的是我们国家"工业化超前，城市化滞后"的现象，图里是 2015 年的数据。左边纵轴为城市化率和工业化率，右边纵轴为城市化率与工业化率之比。工业化程度，我们用第二产业占 GDP 的比重来衡量，中国是 40.9%，世界平均是 27.1%，代表发达国家的七国集团（美、英、德、法、日、意、加）是 23.7%。也就是说，中国工业化率比世界平均高，比发达国家也高，高得还不止一点点，高了将近一倍。

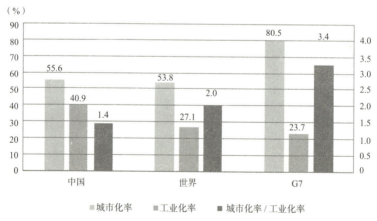

图 7-1　工业化超前，城市化滞后（2015 年）

然后再看城市化率，2015 年中国是 55.6%，之后大概每年增加一个多百分点，世界平均是53.8%，中国和世界平均差不多。如果和代表高收入国家的七国集团比的话，它们大概是80%多，我们是57%，还有20多个百分点的差距，所以城市化还有很大的空间。

怎么看这个数据呢？我们不妨稍微说细一点。第一，和可比国家比，中国的城市化率是偏低的。这里补充一个数，没在图上，就是中高收入国家2015年的平均城市化率是65%，这一年中高收入国家的人均GDP是8 076美元，中国是8 069美元，很接近。看起来，和大致可比国家比，中国的城市化率还是低很多，低了10个百分点。第二，我们国家的城市化率这个数据，是需要斟酌的。图7-1统计的是常住人口，还有一个是户籍人口，户籍人口的城市化率低很多，目前户籍人口城市化率只有41%。把非户籍常住人口算"半城市化"的话，中国的城市化率是49%。这样看的话，上升的空间就更大了。

综合起来看，中国的工业化是比其他国家高的，城市化是比其他国家低的，如果算一下它们的比率，你会发现这个比率就很好玩。我们国家的城市化率/工业化率是1.4，世界平均是2.0，七国集团是3.4，我们比别人差了很多。所以，"工业化超前，城市化滞后"是我国经济发展的一个非常重要的特征。

归纳出这个特征之后，再来看看其他主要国家的城市化率/工业化率，图7-2最右边是中国，左边这一组是发达国家，大多数是4.0以上，德国和日本工业化程度稍微高一些，城市化稍微低一点，是 3.0 左右，右边是发展中国家，金砖五国，别的国家都比我们高，唯一一个跟我们差不多的是印度，但印度是一个很穷的国家，印度人均收入 1 700 美元，是中低收入国家，是我们的 1/5 多一点。当中国的收入是印度 5 倍，发达程度是印度 5 倍，这个比率跟印度差不多的时候，只能说明中国的比率太低了。

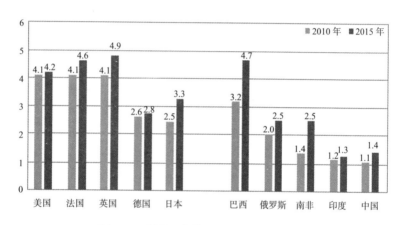

图 7-2　主要国家的城市化率 / 工业化率

那么，如何理解"工业化超前，城市化滞后"的现象？这个现象和我们国家之前的快速工业化是直接相关的。工业化发展可以很快，是因为学习技术、培养劳动力、积累资金的速度都可以很快，有了这些，工业就是复制、升级、迭代、再复制的过程，可以非常非常快。

城市不一样，城市是个复杂系统，比工业制造复杂得多，城市化不是个简单复制的过程，而是个生长发育的过程。简单复制，很容易造出"鬼城"。即便采用复制的办法，也只能复制一部分，比如硬件的部分，可以部分采用复制的办法，其实也已经很难了，建筑和规划都是很难的工业技术。软件部分，就更加不是复制能够解决的了。所以，城市很难复制，需要下很大功夫，会慢很多。工业化超前，城市化滞后，说白了就是工业发展太快了，城市化没有那么快。

我们如此强调工业化超前，城市化滞后这个现象，是因为这个现象是我们国家几乎一切重要经济结构问题的根源。我们一个一个来看。

比如说"过度投资"，就是投资占 GDP 比重过高的问题。工业发展这么快，为了配合工业以及房地产的发展，好多地方都是需要投资的，这个阶段投资高不是天经地义、理所当然的吗？不投资的话，哪来那么多设备，哪来那么多房子，哪来那么多公路、铁路、机场，怎么搞生产？所以说中国"过度投资"这种说法首先就无视了中国快速工业化的背景，无视了工业化的实际要求，在细节上也许有些道理，容易引起共鸣，但是在大格局上、大方向上是有问题的。

另外，补充一个资料，在几乎所有经济体的快速增长阶段，都有个现象叫作投资过度（详见附录 2 经济发展中的资本积累和技术进步）。工业革命以来，最早期是荷兰和英国，当时投资占比大概不到 20%，为什么比我们现在低呢，因为当时很穷，工业发展过程中首先要吃饱肚子，剩下的储蓄才能投资。后来是德国和美国，它们就到了 20% 多，接着是日本，日本顶峰的时候投资占比 30% 多。日本虽然在二战前就完成了工业化，但是二战后也需要有重建的工作，要重新"发展"一次。再后来是其他发展中经济体，比如亚洲"四小龙"，它们发展的时候顶峰是投资占比 30% 多，我们现在是 40% 多。

有个规律是越晚起步的国家，投资占比越高，有两个原因。第一个原因是后发国家的发展路径是清楚的，因为先发国家已经把路蹚出来了，后发国家只需要去实现这个路径，面临的方向性的不确定性小，关键是怎么实现而已。第二个原因是因为后发，路径清楚，发展会比较快，资金动员能力也会比较强，可供动员的储蓄也会比较多。

所以，投资占比高几乎是伴随着每一个国家的快速工业化进程的，中国根本不是一个特殊现象，只是普遍现象的一个案例，是一个经典案例而已。所以"投资过度"这句话是完全错误的，它既没有考虑世界范围内的一般规律，也没有考虑我国快速工业化、快速经济增长的大背景。只是简单和现在的发达国家比，就得出"投资过度"的结论，是很不负责任的。

然后再说内需不足。内需不足是什么意思呢？就是出口占GDP 的比重太高了，反映出内部需求不足。这个观点，是有很多问题的。

首先说一下，投资过度和内需不足这两个判断，本身就是矛盾的。投资本身就是内需，投资多了，应该是内需过度，怎么又说内需不足呢？这两个事情放在一起，内在的逻辑就是矛盾的。

　　所以，投资过度和内需不足放在一起，说的只能是消费需求不足。这么说有道理吗？对不起，你上当了。消费是千家万户的事情，大家知道怎么花钱，知道该存多少钱。其实操心别人怎么花钱，还不如操心别人的收入怎么提高。人民的收入提高了，或者对未来的收入预期上去了，消费自然会上去。不谈收入，直接谈消费，刺激别人的消费，其实是一种耍流氓。

　　现在我们来看一下图 7-3，这张图想说的是，所谓内需不足，和"工业化超前，城市化滞后"是密切相关的。横轴是城市化率／工业化率，纵轴是净出口占 GDP 比重，我们看的是世界十大经济

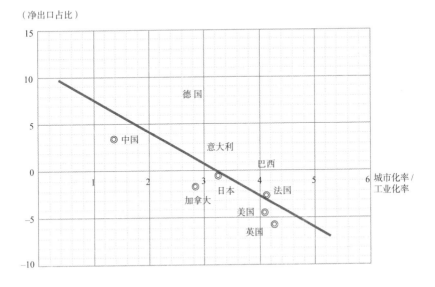

图7-3　内需不足和"工业化超前，城市化滞后"密切相关

体（去掉印度，因为收入太低，产业结构不可比）。这张图显示的基本信息是：城市化越发达的国家，净出口占比越低，这个规律非常清楚。可以看到中国就在这个拟合线旁边，并没有偏离这个趋势。换句话说，中国所谓的净出口占比过高，或者说内需不足，无非就是城市化和净出口占比规律的一个样本点而已，毫不奇怪。

这其中的道理是什么？城市发达的国家，内部市场才会发达。农村市场不会发达的。市场发达了，才有各种消费，才有各种内需。市场不够发达，自己需求不了，总需求不够，只好卖给别人，表现为净出口。道理就是这么简单。

我们国家改革开放以来，特别是加入 WTO 以来，工业化进程如此迅速，内需怎么跟得上？内需跟不上工业复制和工业膨胀的速度，所以就卖给别人，这很正常。太阳底下从来没有新鲜事。而且从企业家的角度讲，卖别人这么好卖，还省心，为什么不卖？因此所谓的内需不足，只是我们增长阶段的一个现象，是"工业化超前，城市化滞后"的一个派生现象，和世界经济一般规律并没有什么不一致的地方，不值得大惊小怪。

图 7-3 看的是经济的支出方面，是净出口占 GDP 的比重。图 7-4 看的是经济的生产方面，是服务业占 GDP 的比重，横轴还是城市化率／工业化率。我们可以清楚看到，城市化越发达的国家，服务业占比越高，也是大致在一条直线上。中国服务业占比低，但是也基本落在这条线上，中国跟这个规律并没有太大区别，只是更为显著而已。所以中国服务业滞后也只是"工业化超前，城

（服务业占比，%）

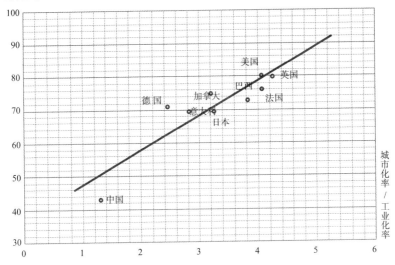

图 7-4　城市化越发达的国家服务业占比越高

市化滞后"的一个表象。

　　这里面的道理也很简单。没有城市，没有大城市，服务业很难真正发展起来。大家想一想，在农村怎么发展服务业。农村可以有个小卖部，有个诊所，再大一点的就开不了了，因为没有人口聚集，没有人口和商业的流量，成本就摊不开，没法持续下去。

　　举个例子，农村有很好的学校吗？可能有，但是一定非常非常少。为什么？农村人口密度太低，孩子少，老师们收入低，其他机会也少。同样是教书，老师们更愿意去城里，同样是教书，城里的条件好，收入高，孩子也多。收入之外，讲教学的成就感的话，城里也好很多。

城里面什么都有，老师们在城里面有自己的社会关系网，有医院，有各种各样的娱乐设施。他在农村干什么？上完课可能只能去打打篮球了，或者上完课就直接回城里，因为家在城里。留在农村没太多事情做，也很难找到好玩的事情，很难找到有趣的人，有趣的人都愿意去城里，因为他们也要扎堆。没有好玩的事情、没有好玩的人，剩下的人也会走的，于是好玩的人越来越少，农村越来越不好玩。总而言之，在农村，因为人越来越少，服务业是发展不起来的。服务业是需要一个很大的流量来支撑的，要不然做不起来。

不仅学校，医院、银行也都是这样。银行的经理知道，在农村开个分支网点多贵，人吃马喂都是要花钱的。农村一共就那么几个人，就那么点经济流量，农村开个网点很难挣钱，不赔钱就不错了。没有密度、没有流量的地方，服务业就是做不起来。这是最基本的经济逻辑，不可能错，也改变不了，除非你把农村变成城市。把农村变成城市，不仅要修桥铺路，最重要的是要有人。

回头想一想，以前我们描述农村的时候，有一个说法大家一定还记得，叫作"自给自足的自然经济"。这词什么意思？就是什么都自己来，吃饭自己煮，衣服破了妈妈缝，再久远一点的时候，鞋子也是妈妈做的。什么都自己做，还要什么服务业？服务业不就是花钱买服务吗？什么都自己家里做，就没有服务业了。

为什么农村经济"自给自足"？这是个复杂的问题，一下子不容易说清楚。一眼看去，跟收入水平低、经济密度低、交易成本高有很大关系。赶个集买东西要半天，还不如在家里自己动手做，于是分工起不来，效率就低，技术也没法进步，收入也增长不起来。千年的乡村，就陷在一个低收入的陷阱中，直到城市发展起来。有了城市，才有分工，才有经济增长，然后反过来促进城市的进一步发展。对于城市促进分工和增长的神奇力量，我们一定要有足够的敬畏。我们脱胎于农业国，很多人的乡土情结很重，因此敬畏城市这一点特别重要。

简单总结一下，所谓的服务业滞后，和中国的城市发展水平有着很大的关系。说白了，还是工业化很快，城市化没这么快。刚才说的这么多经济结构问题，包括过度投资、净出口占比过大、服务业滞后，其实都是"工业化超前，城市化滞后"的派生现象，没什么奇怪的。

站在这个历史时点上，想清楚这些事，历史原来如此简单。

第 四 篇

理解城市：历史与现代的视角

第八章
城市：文明的坐标

翻开历史，大大小小的城市穿越时间，构成人类文明的坐标系。经济增长、人口增长和城市化，三位一体。

凝视着一幅世界地图，如果看得足够久，你会发现"世界不是平的"，不仅山川河流不是平的，经济和人口的分布也远远不是均匀的，而是聚集在占地球面积很小的城市中。

看得足够久，你会看到星星点点的城市，城市之间用交通干线、飞行航线，连成一张密密麻麻的网。城市之外，则是地广人稀的广袤地区。这些城市，承载着世界大部分的人口和大部分的经济活动。

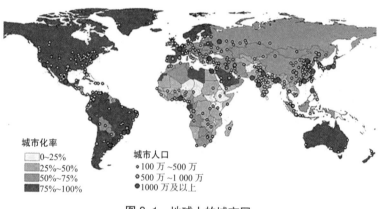

城市化率
▢ 0~25%
▢ 25%~50%
▢ 50%~75%
▢ 75%~100%

城市人口
◦ 100 万 ~500 万
◉ 500 万 ~1 000 万
● 1000 万及以上

图 8-1　地球上的城市网

当今世界的生活，其实是以少数大城市为核心的。纽约、伦敦、香港是金融之都，巴黎、米兰是时尚之都，华盛顿、北京是政治之都。这些城市的影响力，甚至超出了国界，供养着全球，也由全球供养。围绕着这些特大城市，还有大大小小不同层级的城市，充当着社会生活的节点，构成了现代文明的坐标。

不仅当代，在人类文明史上，城市一直担任着文明坐标的角色。从大约 1 万年以前的农业革命开始，人类就开始了从丛林向村庄、城镇、都市迁移的过程，至今没有结束。城市的规模，从最初的几万人、几十万人，到后来的百万人，到近代的千万人，城市容纳的人口越来越多，文明的程度也越来越高。

　　不管是东方的中华文明，还是西方的地中海文明，都是这样。高高的喜马拉雅山以东，是中华文明生息的地方。从商朝的殷都，到唐朝的长安，再到宋朝的汴京、明朝的北京，都是当时最大的城市。

图 8-2　城市是人类文明的坐标

　　喜马拉雅山以西，孕育的是地中海文明。从古巴比伦到古希腊，从古罗马到君士坦丁堡，都是当时文明和城市的顶峰。古罗马是西方第一个人口百万的城市，比唐朝的长安还要早了 500 年左右。

"条条大路通罗马"这句话，生动体现了罗马在欧洲古代文明中的核心地位。当时的古罗马帝国，强盛到横跨地中海，使地中海成为帝国的内海。倘若罗马不是地中海文明的中心，条条大路是不会通往罗马的。

这些大都市的背后，隐藏着一个公开的秘密：人类的文明发展，其实是以城市为核心的。人类历史上的繁荣时期，都有一个当时的特大城市作为地标。人类历史上的黑暗时期，往往也找不到特别大的城市。

比如说，在漫长的欧洲中世纪，在长达千年的历史跨度里，我们居然找不到一个特别大的城市。直到工业革命以后，伦敦才达到古罗马的规模，前后相隔了 1 500 年之久。这 1 500 年的漫长等待，告诉我们文明是一种多么艰辛的偶然，而不是一种轻松的必然。

城市不仅代表了当时文明的顶峰，也带动了文明的发展。从数据中可以看到，人类的经济增长、城市化和人口增长，其实是三位一体的事情。在公元 1800 年以前，人类的城市化率一直徘徊在 10% 以下，人口总量和人均收入也几乎没有增长。在这漫长的历史进程中，人类一直在马尔萨斯陷阱①中徘徊。

1800 年以后，随着工业革命的展开，人口总量和城市化率也

---

① 马尔萨斯陷阱的主要观点是，人口是按几何级数增长的，而生存资料是按算术级数增长的，多增加的人口总是要以某种方式被消灭掉，人口不能超出相应的农业发展水平。——编者注

开始大幅提高。因此，人均收入的增长，其实只有 200 年的历史，而且是伴随着城市化和人口总量的增加而增加的。

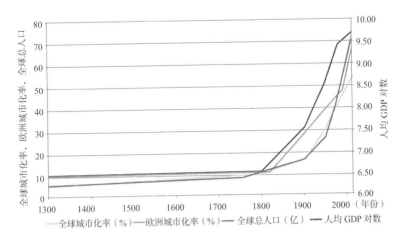

图8-3 经济增长、人口增加和城市化的三位一体（1300—2015年）

那么，是什么因素驱动了收入、人口、城市化三位一体的变化？人类文明程度的提高，不过是能够供养更多的人，并且让每个人生活得更好。从这个角度看，这三位一体的变化，是关于人类经济增长和社会变迁的最重要的变化，甚至可能是理解人类社会变迁的终极问题。

现有的经济理论，给出的回答是技术进步。从时间关系上看，这个回答无疑有其合理性。1800 年以后，工业革命开始，收入、人口、城市化都发生了突变，人类宛如长出了飞翔的翅膀，挣脱了贫困的陷阱，踏上了腾飞的轨迹。因此，理解工业革命，是理解经济增长的关键。

　　迄今为止，学术界对于工业革命的成因依然没有定论。英国科技史专家李约瑟的那个著名发问"工业革命为什么没有发生在中国"，也依然没有公认的答案。已有的回答，不管从金融的角度、地理发现的角度、市场容量的角度、政治结构的角度，还是科学实验的角度，都忽略了一个重要的维度，就是城市。已有的研究，对于城市在技术进步中的作用，着的笔墨之少，和城市在人类文明演化中的地位是极不相称的。

　　在历史描述的图景中，城市是人类文明的容器。迄今为止人类文明史上最精彩的篇章，都是在城市里发生的，包括技术进步。技术进步在城市里发生，又反过来促进了城市的发展。看起来，城市容器和技术进步，或许是人类进步的两大基础力量。

　　不过，对于城市如何孕育了技术进步，技术进步又如何反过来促进城市的发展，人类还有很多的思考工作要做。不管人类未来的回答如何，未来的经济发展和社会变迁理论，一定是以城市为核心的。

第九章
城市：现代经济的载体

城市不仅是文明的坐标，也是现代经济的载体。现代人享受的富裕社会，不过是因为城市吸纳了巨量的就业，创造了巨量的财富。

前文说到，我国经济增长的一个重要现象，是"工业化超前，城市化滞后"。我国改革开放以来的经济成就，以及存在的很多结构性问题，都可以归结为这简简单单的十个字。

在本章，我们进一步发问，城市化滞后，滞后以后会怎样？是会一直滞后下去，还是会发力追赶？回答这个问题，需要我们深入分析城市化的基本动力。

图 9-1 是美国的经济密度图，来自 2009 年的世界银行的发展报告，这份报告叫作《重塑世界经济地理》。这张图上每个高高的凸起，都是一个大城市的所在地，凸起的高度就是那个城市每平方公里的 GDP 数量。我们看到的规律是什么，就是大城市的经济密度特别高，美国最高是纽约、洛杉矶、芝加哥，恰好就

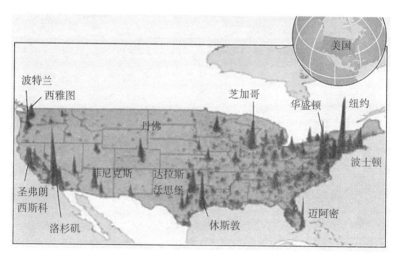

图 9-1   2009 年美国经济密度图

是美国前三大城市。美国整个中部大平原，面积很大，可是经济产出的密度很低。

图 9-2 是日本的济密度图，也是三大都市区和其他一些大城市很高，东京、大阪、名古屋最高，其他的凸起都是大城市，比如札幌（Sapporo）、福冈（Fukuoka）。这些大中城市之外，其他地方的经济密度很低。

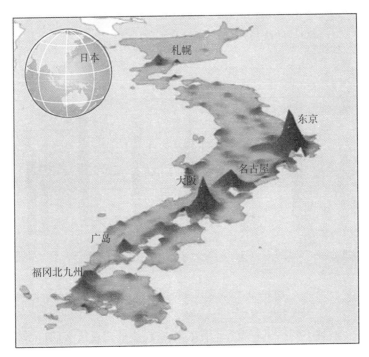

图 9-2　日本经济密度图

从产出的地域分布上看，不管是美国，还是日本，都是集中在城市，特别是少数大城市；广大的农村，虽然土地占绝对比重，但是经济密度很低。这种集中，不是偶然的，而是反映了产业结构的变化，现在我们来看产业结构。

图 9-3 是现代经济的产出结构图，有美国、日本、德国、英国、法国这些大的经济体，最后是中国。第一产业的占比低到什么程度呢？德国、英国都不到 1 个百分点，美国、日本刚过 1 个百分点，法国稍稍高一点，但也不到 2 个百分点，有 1.7%，可能是盛产葡萄酒的缘故。

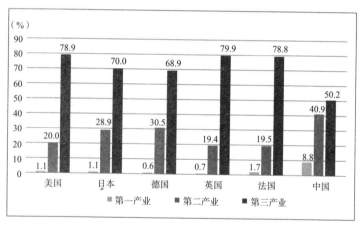

图 9-3　六国现代经济结构图（2015 年）

不看不知道，一看吓一跳，原来农业的比重这么低！不仅如此，未来还会更低。因为过去 100 多年来，农业技术进步很快，农产品的相对价格，扣除通货膨胀之后的相对价格，是持续降低的。价格降低，就是产量增长相对于需求增长更快的意思。总体上，这个星球上是不缺粮食的，粮食的相对价格一直在下降，第一产业在经济中的占比，一直是降低的。一个国家越发达，农业占比越低。

第一产业占比低，是现代经济这枚硬币的一面。其另一面，就是第二产业和第三产业占比高。美国、英国、法国的第二产业在 20% 左右的规模，德国和日本高一点，30% 左右，中国是 40% 左右的规模，比这些发达国家都高一些。剩下的都是服务业，美国、英国、法国在 80% 左右，德国和日本在 70% 左右。第二、第三产业加起来，在这些国家占 98% 以上，在我国占 91% 多一点，未来还会增加。

重要的是，不管是第二产业还是第三产业，工业还是服务业，都是不需要土地的，不需要在空间上铺开，它们是集聚在很小的空间上就可以完成的。所以 98% 以上的产值不需要地理空间。只有不到 2% 的农业需要地理空间。现代农业的基本原理，是现代农业技术加光合作用，具体说就是利用现代的技术，改善农作物品种，加上化肥、农药、农机具、温室大棚这些，然后利用光合作用，从太阳那里吸取能量，转化为农产品。因为需要光合作用，所以农业要铺开，需要很大的面积，工业和服务业都不需要这些。

有人说工业也需要大厂房、大园区，很多工厂的占地面积很大。实际上只有极少数的重工业需要大厂房、大设备，需要铺开，因为只能在一楼、在地面施工。其他绝大多数工业生产，都是在高楼上就可以完成的。所谓的亚洲"四小龙"，比如说香港，刚开始也都是轻工业，香港是在高楼的小格子里生产玩具、鞋子和袜子，靠轻工业起家，轻工业在弹丸之地是可以发展起来的。绝大多数工业，都是不需要很大空间的。

服务业更不需要空间，甚至是厌恶空间的，一定要有密度，才能节约时间，带来更多的便利。最典型的服务业不需要空间的例子就是 CBD（Central Business District），也就是中央商务区。大一点的城市，都有个 CBD，大的企业总部，大都设在那里。那个地方租金那么贵，为什么那么多企业都还往里挤？为什么不找租金便宜的地方？因为租金贵，时间更贵。只有这样挤在一起，才能方便大家交流、讨论、商量、见面、谈判、协调员工干活等，才能快速完成很多事情，把事情往前推进。CBD 的原理，是很多事情必须聚在一起，才能高效推进，否则推不动，最后只能不了了之。

CBD 最经典的例子就是美国纽约华尔街，曼哈顿岛只有 60 平方公里左右，和北京二环面积差不多。你知道曼哈顿人口密度有多大吗？一平方公里 2.8 万人，而且它的下城区，也就是华尔街那个地区，很多大公司、投行、律师事务所都扎堆在那里，你想到的最挣钱的人都在那个地方。他们不走，一个房子一千万美元他们也不走。为什么？因为时间太贵了。房子贵，可是时间更贵，房子贵就是因为时间贵。你离开那个地方，你的时间就不贵了，房子也就不贵了。一件十几分钟、下个楼到隔壁能解决的事情，你让他们跑一个小时跑到上城区去，没可能的，一个小时，生意可能就已经被人抢走了。所以租金贵，时间更贵，潜在的收益更高，所以才会有 CBD 这样的地方。

再举一个例子，就是学校。学校应该建在哪里？是风景优美的乡村，还是拥挤不堪的城市？一眼看去，学校是需要空间的，学校在偏一点的地方合适，租金还便宜，不占地方，孩子们还有个大一点的空间玩耍，看起来应该建在偏远一点、不太拥挤的地方。可是，每个孩子都是有家长的，家长要接送孩子上学，然后上下班。这样一来，住宅、学校、上班的单位，这三个地方不能离得太远，否则路上奔波太辛苦。因此，学校也不能在太偏的地方。好一点的中小学，大部分都在城中心，或者人口密集的地方。

说了这么多，只是想强调，工业和服务业是不需要很大空间的，而且从很多方面上讲，它们是"空间厌恶"的，因为空间上的稀疏，会增加各种成本，最重要的就是时间成本。现代社会，时间是最贵的，能节约则节约。

图 9-4 是和产业结构对应的人口就业结构。发达国家就业人口 70% 以上都是在服务业。10% 以上是在工业，只有 2%~3% 左右是在农业。我们中国目前的产出结构是第一产业 9%，第二产业 40%，第三产业 50% 左右，就业结构中第一产业 28.3%，第二产业 29.3%，第三产业 42.4%，所以农业就业的占比还是比较高的。

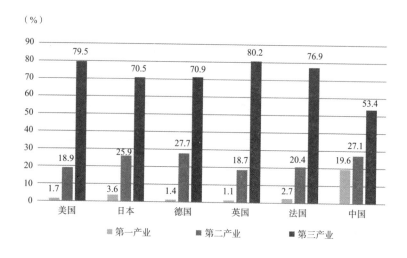

图9-4　六国三大产业就业人口结构图（2015年）

图9-3和图9-4对比，就可以看出我国城乡差距的根源。根据我们国家统计局的数据，城市居民的平均收入是农村居民的3倍多。根据这两张图，30%左右的农业就业人口分10%的国民收入，平均收入就是别人的1/3，这也恰好是城乡差距的量级。所以说，农村人口多，就是我们国家农民穷、农村落后的根源。背后的经济学道理，就是农业的附加值低、产值低，因为总量就这么多，涨得又不是很快，要想让农村人富怎么办？人少了，人均收入就多了，这是个小学算术题。所以，要想解决城乡差距、农村问题、农村落后这些问题，根本出路就是农民进城，绝无第二条路。

农民进城干什么呢？就是工业、服务业。这些人进城收入很高的，比如现在城里的保姆，收入好一点的有七八千，甚至上万都是很正常的。女生做一些家政服务、零售服务等，男生做一些体力工作，比如搬运、快递等，收入接近一万的多了去了。

他们在农村能挣多少钱？这么多农民工往城里去就是这个道理。平均一个农民现在种四五亩地，一年的收入 1 亩地 1 000 元，10 亩地 10 000 元，也就是城里一个月的工资。为什么人往城里走，这就是原因，这么大的收入差距，十几倍的差距，挡是挡不住的。他们在城里，就算住地下室、住工棚，受点苦他们也愿意，因为留在农村更受苦，收入更低。所以借这里说一句题外话，中国的三农问题，就是城市化问题，唯一的出路就是城市化，其他都不是主要的。

简单概括，这几张图说的是一个简单的道理，城市是现代经济的载体，现代经济产出在城市，就业在城市，所以人往城市里聚，这个事情非常简单，简单到不可能错。

进一步的问题是，城市为什么能产生这么多产出，吸纳这么多就业，这是怎么做到的？城市里这么多人，密密麻麻的，吃喝拉撒那么多事情，怎么组织协调？协调不好，就乱了套，影响社会安定也是有可能的。要深入理解这个问题，就要看一下城市的本质。

第十章
城市的骨骼、器官、细胞

　　城市是复杂生命体，不像无机体一样可以设计、复制。基础设施网络是城市的骨骼，功能机构网络是城市的器官，芸芸众生是城市的细胞。骨骼、器官、细胞一起，共同构成城市有机体。城市文明的生长，依赖于这个有机体各个部分的健康活力。

城市的骨骼：基础设施

　　要理解城市的发展动力，我们不妨先想一想城市的结构，一想之下会发现很复杂，复杂得超乎想象，需要很多的分工协调。图 10–1 显示的是北京、上海、深圳这三个城市的地铁网络规划图，其中很多都已经建成，有一些是在建，还有一些是在规划中。这密密麻麻的线路，看起来就像是密密麻麻的蜘蛛网。

　　而且这还只是城市网络的一小部分。地铁网络只是地下交通，地上交通网络更加复杂，比地铁要复杂很多。而且，交通网络还只是城市网络的一部分，供电也是一套网络，供水、供暖、供气、排污都是一套套的网络。比如说供水，还要区分生活用水、污水、雨水，一下子就是三套网络系统。城市网络系统之复杂，由此可

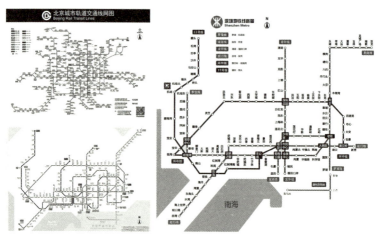

图 10–1　北京、上海、深圳的地铁网络规划图

见一斑。世界上所有大规模的城市，都是建立在一套庞大而复杂的基础设施网络之上的。

粗粗划分，任何一个上了点规模的城市，都要有六大系统：（1）供水、排水，包括自来水、雨水、污水三大系统；（2）能源，包括电力、能源气、供暖；（3）交通系统，包括道路与停车、公共汽车、出租车、地铁、铁路、机场、港口等；（4）通信系统，包括邮电、电信；（5）环境系统，包括环卫、环保、绿化；（6）防灾系统，包括消防、防洪、抗震等。这六大系统中，有的很容易看见，比如道路、通信、水电煤卫，有的不容易看见，比如防洪、抗震这样的防灾系统。在稍微大一点的城市，这六大系统缺一不可，否则城市无法运转。

城市基础设施网络，不仅复杂，而且昂贵。比如说地铁，修地铁的成本是很高的，一公里要5亿元，地质情况复杂的甚至要10亿元以上，修完了还要运营和维护，没有运营和维护就没有人，就变成地下藏污纳垢的地方了。账面上看，世界上很多城市的地铁都不赚钱，靠财政补贴维护。那么，如何修成这么昂贵的地铁，又如何运营和维护呢？

秘密在于人口的密度和流量，以及背后的经济活动的密度和流量。一条地铁线，如果有很大的客流量，就说明这条地铁线是被需要的，地铁的成本就可以通过流量来分摊掉。这个分摊不仅仅是地铁票，还包括地铁沿线的资产的升值。

比如，地铁沿线特别是地铁口的房子会很贵，政府通过土地出让金和税费，很容易筹集到大量的资金。再比如，地铁站出口附近，是客流量很大的区域，有客流就有商业，这些商业的区位好、利润大，租金和税费也就高，这也是政府的收入来源。

所以，像地铁这样昂贵的基础设施，只有规模较大、有足够客流量的城市才能负担得起。没有人口就没有流量，昂贵的支出就无法分担。比如说在农村，修了地铁没几个人坐，就白白浪费了。对于人口密度低的农村而言，公交车、小汽车是更合理的交通方式，可以满足农民进城的需要，成本低很多。而且，农村通往县城的公交车的班次不会太多，主要是因为没有足够的客流量，公交车的成本无法覆盖，或者利润太低不愿意持续运营。班次少的意思，就是农民要算好时间，需要的时候不一定有车，也就是牺牲时间和便利。因为随时满足交通需求的成本太高了，只能权衡成本和收益。

地铁的例子告诉我们的核心意思，是人口和经济密度的重要性。没有人口和经济密度，地铁这样的基础设施就是不可行的。从这里引申，其实城市是一种成本分摊模式。地铁这样的基础设施是好东西，可以便利地提供准时准点的交通。可是好东西不一定能负担得起，只有人多的地方才负担得起，因为其成本可以分摊出去。

不仅是地铁，世界上很多好东西都很贵，都需要分摊成本。举个例子，大家都希望自己的子女进好的学校，包括小学、初中、高中、大学，好的学校不仅是漂亮的教室、办公楼、运动场，更重要的是好老师，这些都很贵。好老师不仅是自己学识好，还要认真、努力、负责，喜欢教学，只有这样教学质量才能提高，这就需要提供很好的激励，包括收入上的激励。不提高教师光明正大的收入，提高教学质量就是一句空话，逼着教师们去走偏门。

那么，怎么样才能创办、运营、维护一个昂贵的学校？还是需要分摊成本，需要很多的学生，而且是有支付能力的家庭的学生。如果学生没有支付能力，就需要政府给予补贴。可是政府自己是不挣钱的，政府收入只能靠税费，而只有经济活力好的区域，税费才会好，才能负担得起财政补贴。这样一看，你就明白为什么好的学校都在经济发达的大中城市了。在国外，好学校都在富人聚居区，其实是一个道理。

不仅学校，医院、剧院、体育设施、高级商场等这些人们喜欢的好东西，都是很贵的，都需要人口和经济密度的支撑。小城市即便能修建起来，也运营不好，维护不好，因为没有足够的人口和经济流量。在人口稀疏的农村，这些东西更是想都不敢想。

城市的器官：功能机构网络

进一步问，有基础设施网络就行了吗？还不行。你想，北京统计的常住人口有2 000多万，实际的常住人口可能高达3 000万左右，这么多人如何生活在一个城市里？要知道，这比世界上很多国家的总人口还要多。比如说，著名的北欧五国，瑞典、丹麦、芬兰、挪威、冰岛，人口都不到千万，其中冰岛人口只有 32 万左右。

这就要有一套功能机构网络，人们才知道办什么事情到哪里去。这样的机构，包括政府、治安、医院、学校、银行、企业等。这些各种各样的城市分支机构，履行各种职能，形成一套功能机构网络。

图 10–2　城市的器官：功能机构网络

上述两套网络，基础设施网络和功能机构网络，集结成城市的一套很复杂的系统网络。而且，这两套网络是互相促进、交互生长的，没有其中一套网络，另一套网络也建立不起来，即使建起来也无法维持。

有了这个骨架会怎样呢？城市的骨架之上，生长出来的是精彩的文明，我管它叫"众生协作，各得其所"。各种各样的人，医生、科学家、演员、艺术家、政府官员、各种职员，都可以在城市里找到自己的位置，只要有一技之长，都可以安身立命。只要你愿意努力，就可以找到机会。城市成为人类文明的容器，就是因为有这样的包容性。

这种包容，还体现在对低技能人口的吸纳上。城市只有高技能人口是不行的，还要有低技能人口，还要有做家政的、做餐饮的、做保安的、送快递的，这里面离开谁都不行，都会带来不方便。我们现在政策取向有一条，叫城市升级转型、产业转型，似乎大城市就不需要低技能人口，这是完全错误的，一个健康的城市一定是要什么人都有的。所谓高技能人口，就是需要别人服务的人口。所谓低技能人口，就是提供低技能服务的人口。

在城市的复杂网络上，需要各种各样的人，而且这个网络越复杂，创造的就业机会就越多。因为大家都是分工协作的，你有需求，你的需求就创造了别人的就业。而且随着技术的进步，许多新的需求是会出现的。快递以前是没有的，美国都没有这么发达的快递行业。离开了这么多快递小哥，那么多喜欢网购的人，该有多么不方便，商家也很不方便，成本会高很多。

这样看来，城市就像是一个有机生命体，是可以生长的。基础设施网络是骨架，功能机构网络是器官，芸芸众生是细胞。骨架、器官、细胞互相依赖，共同构成了城市有机体。城市文明的生长，依赖于这个有机体各个部分的健康活力。

第十一章
城市的本质：有机生命体

一直想给城市找个好的定义，遍历文献，却不可得，只好暂时满足于一句基本特征的描述：城市是一个有机生命体。城市有两套网络，基础设施网络和功能机构网络，双网叠加形成双螺旋结构，构成了城市的基因，决定了城市的生长和发育。

城市之于文明，是容器，也是坐标。迄今为止人类最有趣的故事，都发生在城市里。人类的文明史，就是一部城市发展变迁的历史。每一次文明的繁荣，都会留下一座繁华的城市。这些城市一起，穿越时间的长河，连成历史的坐标。

需要追问的是，为什么城市有这样的魔力，承载了文明的故事，确立了文明的坐标？这个问题在我脑海里已经停留很久，挥之不去。或者，一个人一旦开始思考这样的问题，就很难再思考其他问题了。

理解事物的本质，最快捷的办法莫过于从定义出发了，因为好的定义可以直击事物的本质。不过，翻阅了很多文献之后，却发现我们对于城市的本质，并没有特别深入的理解，甚至不能给城市下一个令人满意的定义。

比如说，于光远主编的《经济大辞典》，把城市定义为："城市是人口集中、工商业比较发达的地区。"这个定义非常简明扼要，有两个关键词，一是"人口集中"，二是"工商业比较发达"。说城市是人口密集、工商业发达的地区，是和农村对应的，农村是人口稀疏、以农业为主的地区。这个定义，优点是简明扼要，缺点是没有提到城乡差别背后的机制。

比如说，为什么城市工商业发达而农村不发达？为什么城市人口集中而农村人口稀疏？从农业供养人口的角度来说，农业种植需要大面积铺开，所以农村无法聚集，大概是说到了其中一点。但是这个解释说了农村难聚集，没有说城市为什么会聚集，更没有说为什么有的城市会聚集得很大，有的城市却停滞不前。

简单说，这个定义是描述性的，描述了城市的两个重要特征，但是没有回答城市发展的一些基本问题，比如：为什么会有城市？城市是如何发展起来的？什么样的城市能够发展壮大？等等。

美国城市学者爱德华·格莱泽也给城市下了一个定义：城市是人、公司之间物理空间的消失，代表了接近性、密度和亲近性。（Cities are the absence of physical space between people and companies. They are proximity, density, closeness.）这个定义的要点，依然是描述城市的特性，也就是距离缩短、密度增加、交流增加。

格莱泽强调物理空间距离的缩短和人口密度的增加，这和前面《经济大辞典》强调的"人口集中"实质上是一样的。在格莱泽的概念中，密度的增加带来便利的增加、效率的提高，这是城市的奥秘所在。不过，格莱泽的定义依然是描述性的，并没有回答密度为什么会增加，如何增加的问题。格莱泽是哈佛大学著名的城市经济学家，曾写过无数的城市经济学论文，以及一本书叫《城市的胜利》，这个定义就是在这本书中给出的。

对于密度的强调，也见诸经典作家的笔端。马克思、恩格斯就曾经这样写道：城市本身表明了人口、生产工具、资本、享乐和需求的集中；而在乡村里所看到的却是完全相反的情况——孤立和分散。马克思和恩格斯讲述的城市与乡村的区别，其实也是集中与分散。两位经典作家指出的农村的"孤立和分散"的特点，与老子所说的"邻国相望，鸡犬之声相闻，民至老死，不相往来"，颇有相像之处。而费孝通先生描述的乡村，则是千年不变，各家各自为政，不相往来，与老子的描述也是一脉相承。

由此引申，倘若乡村的特点是"孤立和分散"，城市作为乡村的对立面，其特点就是"连接与集中"。这一点，在英国城市经济学家 K. J. 巴顿的定义中有更加直接的表述：城市是一个在有限空间地区内的各种经济市场——住房、劳动力、土地、运输等——相互交织在一起的网状系统。

巴顿的定义虽然也是一个描述，但是将城市描述成一张网，更加突出了城市的网络属性，看起来是个进步。城市之所以能够集中，是因为形成了一个网络，在大大小小的网络节点上，人们找到了自己的位置。

不过，作为一个经济学家，巴顿眼中的网络，是各种市场的网络，包括住房、劳动力、土地、运输等。我们稍微想一下就会知道，城市是个多维的复合体，经济属性之外还有很多其他属性。比如，卢梭就曾经说过：房屋只构成镇，市民才构成城（Houses make a town, but citizens make a city）。卢梭这句话，强调的是城市的人文和治理属性。

再比如，城市还有重要的军事属性。在古汉语中，"城"与"市"最初是两个不同的概念，"城"指一定地域上用作防卫而围起来的墙垣；"市"则指进行交易的场所，是商品流通的中心。关于"城"，《墨子·七患》给出了定义"城者，所以自守也"，《管子·权修》亦云"地之守在城"，《吴越春秋》亦有"筑城以卫君，造郭以守民"的记载。不仅在中国，在国外也是这样。据美国城市史学家刘易斯·芒福德考证，"直到 18 世纪，在大多数国家中，城墙仍是城市最显著的特征之一"。

这些文献说明，古代城市首要的属性是安全属性。古代的城，往往首先是个军事要塞，然后才衍生出交易的市场和其他。略微引申一下，这一军事和安全属性背后，其实是政治属性，因为人类社会的大部分时间里，政治和军事是关联在一起的。古今中外，城市往往是政权和军事的节点。单纯靠商业发展起来的城市不是没有，但是很少。

关于"市"，《周易·系辞下》中记载"日中为市，致天下之民，聚天下之货，交易而退，各得其所"，《孟子·公孙丑》亦有记载"古之市也，以其所有，易其所无，有司者治之耳"，《管子·小匡》则记载"处商必就市井"。"城"与"市"两个词组成新的词"城市"，说明一定的地域空间与其上的人口与经济结合起来，才构成城市。

刘易斯·芒福德也曾给城市下过一个定义，强调了城市的多维属性和多重功能：城市不只是建筑物的集群，它更是各种密切相关并经常相互影响的各种功能的复合体——它不单是权力的集中，更是文化的归极。

芒福德的定义有一点抽象，但是更加深入。芒福德想区分的，是城市的表象与本质。密集、人众、城墙、建筑，这些只是城市的表象；功能、权力、文化，才是城市的本质特征。芒福德没有从任何单一的角度去理解城市，更没有把城市定义为人口、经济，或者建筑的集群，而是着重探究城市背后的复杂关系。从这个角度出发，芒福德想问的问题其实是：城市为什么能够聚集起来？

从上面的讨论中，我们可以看出城市的定义包含以下要点。（1）城市产业以工商业为主，相对应的农村是以农业为主。（2）城市的典型特征是连接和集中，农村的典型特征是孤立和分散。（3）城市是多个市场交织形成的网络。（4）城市不仅仅是市场网络，还是重要的政治、军事、安全节点。（5）城市是功能的复合体。（6）城市是文化的归极。

至此，我们大致知道了"什么是城市"，但依然不知道"为什么会有城市"，换句话说，我们获得了一个城市的"静态画像"，但是依然不知道城市发展的"动力机制"。只有了解了这个动力机制，我们才能明白"城市为什么会发展？"，"什么样的城市会发展？"，也才能回答开篇提出的问题：为什么城市是人类文明的坐标？

要回答这个问题，我们不妨回想一下上一章的分析：城市就像是一个有机生命体，是可以生长的。基础设施网络是骨骼，功能机构网络是器官，芸芸众生是细胞。从这个角度看，城市成为人类文明的容器和坐标，是因为城市自身的生命力，能够生长。不能生长、演化的事物，不管一眼看起来多么强大，也不能吸纳文明进步的成果。

说到这里，事情就逐渐明了了。城市能成为人类文明的坐标，现代经济的载体，是因为城市是和人类文明一起生长的。具体说，城市不仅能吸纳文明进步的成果，还把这些成果记录在自己的基因中，并随着文明的进步而生长。城市的基础设施、建筑、主要设备，记录着当时最先进的科技文化成果。城市的功能机构，比如教会、政府、公司、行会等，记录着当时最先进的制度成果。不仅如此，城市还用文字资料把这一切整理下来，以备后人学习、使用、改进。通过这些记录，城市保留了人类文明的最优秀发现，随着人类文明一起进步。

从这个角度看，城市真的像有机生命体。城市的基因，是两套网络结构，一套是基础设施网络，一套是功能机构网络，双网叠加形成经济和社会发展的双螺旋结构。城市的这一双螺旋结构，就像是生物体的基因，记录着一个城市迄今为止的所有文明成果，也决定了一个城市未来的生长和发育。

至今，我们就明白了城市的本质。静态看，城市有一系列特征，包括政权的节点，人口和工商业的聚集，多个市场的网络交织，功能复合体。动态看，城市是生长的生命体，基础设施网络和功能机构网络记录了城市生长演化的历程，是城市生长的基因。当我们不把城市当作钢筋、水泥、产业去设计、发展，而是把城市当作生命体来观摩、敬畏，我们看待城市的眼光，就有了很大的不同。

第 五 篇

城市的未来

第十二章
向城市聚集：永远的进行时

我国的城市化率和大城市化率还很低，进一步向城市聚集还有很大的空间。而且，聚集度很高的发达国家，人口依然在向大城市聚集。向城市聚集，永远在路上。

前面讲到，城市是现代经济的载体，人口向城市聚集是现代经济的必然要求。下一个问题是，我们的城市化未来还有多大的空间，城市化的方向是什么？

梳理目前的资料和状况，我的基本判断是，我国城市化的空间还很大，聚集不会停止，而且是永远在进行中，未来的方向是大城市会进一步发展，城市间的人口也会不停交织流动。在主要大城市的周围，可能会形成城市群。

我们可以从三个方面理解这个问题，分别是城市化水平、城市化结构和高城市化水平上的进一步城市化。

首先，从城市化水平看，城市化空间还很大。目前我们国家城市化率还是比较低的，2018年只有59%左右，发达国家已经达到80%，所以我们收入进一步增长的话，这个空间还有20个百分点以上。根据很多国家的经验，到70%这个点是个拐点，很多国家上升到70%就完成了快速城市化，再往上增长到80%、90%的时候速度会变慢，中国还没有到达这个点，未来快速上升的空间还很大。

进一步说得细一点，我们国家的城市化率这个数据，是需要斟酌的。我们看的是常住人口，还有一个是户籍人口，户籍人口的城市化率低很多，现在刚过40%，也就41%左右。这样看的话，空间就更大。倘若把非户籍常住人口算作"半城市化"，我们2016年的城市化率在49%。从这个角度看，目前的有效城市化率，还是很低的。

　　图12-1，是全球十大经济体的城市化率。我们可以看到，大部分国家的城市化率都比我们高，印度是唯一的例外。但是印度的人均收入只有我们1/5，不好比。换句话说，印度的城市化还没有真正起飞，城市化率低是正常的。如果看一些其他主要大经济体的城市化率（阿根廷、墨西哥、澳大利亚、沙特、土耳其、韩国、南非、俄罗斯等），绝大多数比我们高很多。

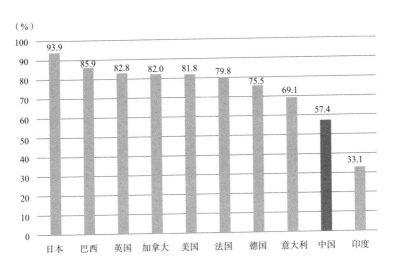

（%）

图12-1　十大经济体城市化率（2016年）

　　发展中国家中，印尼、泰国的城市化率比我们低一点，在52%~54%的水平。这两个国家都是典型的陷入中等收入陷阱的国家，经济很早就起飞了，但是人均收入一直在中等收入水平上徘徊，没有进入高收入国家的行列。中等收入陷阱的原因很复杂，众说纷纭，从有限的国际经验上看，和城市化停滞不前是联系在一起的。再回过头来看我们国家，城市化并没有发生停滞现象，局势正在扭转，城市化正在取代工业化，变成经济发展的主发动机。

其次，从城市化的结构上看，我国的城市依然有很大潜力。所谓城市化的结构问题，是大城市、中城市和小城市的比例问题，以及城市聚集的形态（比如城市集群）。数据表明，我们国家的大城市率还是比较低的。我们国家百万以上城市人口占全国人口比重是24%，跟其他国家相比还有很大的差距。（见图12-2）日本、澳大利亚在70%左右，韩国、加拿大、美国在45%左右。相比之下，我们的差距太大了，人口还有很大的聚集空间。即便考虑到

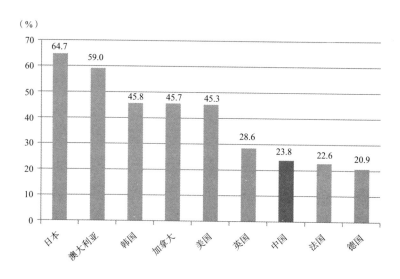

图12-2　九国百万以上城市人口占比（2015年）

我国大城市人口的低估，这个基本判断也不会改变，因为我国有13.7 亿人口，大城市率与韩国、美国、加拿大等有 21% 之多的差距，意味着要有 2.9 亿的低估才能持平。

大城市率比我们低的是德国、法国，这两个国家的大城市率低，是历史的、财政的原因，和中国不太好比。比如说，它们有悠久的封建传统，权力非常分散，财政资源也很分散。而我们国家从秦统一六国开始，2 000 多年来一直是统一的集权国家，财政资源也很集中，资源分散不是我们的方向，我们的发展更可能向大城市集中的方向靠拢。

很多人会担心，我们国家的大城市已经人满为患，还能聚集多少人？用什么收入来养活这些人？我们来看图 12–3，这是一些

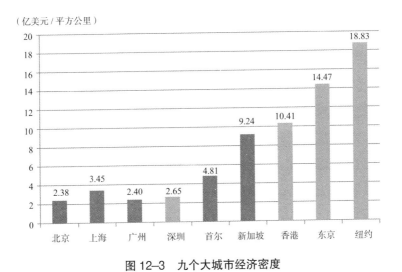

（亿美元 / 平方公里）

图12–3　九个大城市经济密度

大城市的经济密度，也就是大城市建成区每平方公里的经济产出。中国北上广深平均是 2.7 亿美元左右，在国内名列前茅，但是与世界上其他大都市相比还有很大的差距。比如，首尔达到 4.81 亿美元，比我们高约 3/4，新加坡达到 9.24 亿美元，香港达到 10.41 亿美元，都是我们的 3 倍多，东京 14.47 亿美元，是我们的 5 倍多，纽约更是高达 18.8 亿美元，是我们的 7 倍。这一组数据表明，给定空间上的产出，我们还有很大的增长空间。如果我们能学习比较好的城市管理，产出增加的空间还是很大的。

事实上，目前城市管理中的困难，是我们上升的空间，为我们指明了方向，而不是作茧自缚的理由。

再来看图 12-4，是三大都市圈 GDP 和人口的占比，我国是北上广深四大城市的人口，拿我们的四大和人家的三大比，我们

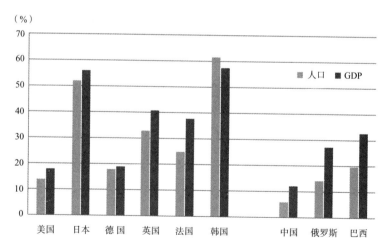

图 12-4　三大都市圈人口和 GDP 占比（2015 年）

国家还是比较低的，不管是经济总量还是人口。大家知道，我国四大城市的人口，是行政区人口，不仅包含建成区，还包含了周边的远郊区。比如说北京，北京很大，总面积 1.6 万平方公里。因此，综合起来看，从横向比较看，我们国家大城市占比还是很低的，还有很大的上升空间。

最后，我们还可以进一步问，在发达国家的较高的城市化水平上，城市化是不是就停止了？人口聚集就到了止境了，不会再增加了？可能也还是没有。

笔者曾经在日本东京看到闹市区的摩天大楼楼顶正在施工，在对大楼进行"拔高"操作，也见过在摩天大楼的缝隙间的小块

图 12-5　日本东京摩天大楼顶上在施工

地上进行施工，建更多的楼。也就是说，在东京这样人口稠密的大城市，还需要建更多的房子，因为人口还在涨。

我们大家都知道，日本全境的总人口是在降低的，但东京还继续在吸纳人口，人口在增长。为什么人往大城市走？就是因为大城市有各种机会，就业机会好，各种设施好，很方便，再加上收入高，所以才吸引人。

再说一句题外话，日本的老龄化很严重，日本的很多中小城市被称作"白发城市"。什么意思呢？那地方是只有老人的，年轻一点的都60多岁。想一想，如果你是年轻人，你去那地方干吗？那种地方好玩的东西很少的，那是专供人养老的地方，你去不合适的，除非你从事的工作是养老相关行业的。所以，大都市吸纳人口，尤其是年轻人口，会更有活力，你生活在那个地方会有更多的机会，这就是大城市吸引人的地方。

所以，聚集可能是没有止境的，是永远在进行当中的。我们看到的发达国家的高密度、高聚集，只是发展阶段的现状，未来聚集的程度很有可能还是会往上走的。

我们还可以把逻辑再往前推进一步，城市化水平很高了，人口就不流动了吗？不是的。有的城市会衰落，有的城市会兴起，不同的人在不同的城市会找到不同的机会，人口流动是永无休止的。举个例子，大家都知道"铁锈城市"，指的是老的工业城市，随着工业的衰落，人口开始流出。最近还有一个词，说的是美国北方寒冷的地方，很多城市人口净流出，流向南方温暖的"阳光城市"。

最后，我们来问一个简单的问题，为什么这么多的人口聚集在大城市？道理其实很简单，就是大城市的人均产出高。大城市人均产出高，就是因为大城市效率高、技术高、成本低，有各种各样的便利。所以人口向大城市聚集的最根本的原因就是效率高，大城市提供更多方面的便利，人均产出就变高。

第十三章

技术进步会逆转城市聚集吗？

人们之间的交流分为不同的层次，浅层的、可标准化的交流，可以用远程通信取代；深层的、难标准化的交流，还是需要见面进行。而且，技术手段的进步和浅层交流的增加，会派生出更多的深层交流的需求，人们见面的需求会增加。随着技术的进步，城市聚集会持续、加剧，而不是逆转。

前文说到，在人口聚集度已经很高的国家，比如日本、美国，人口依然在向大城市聚集，东京、纽约依然在吸附人口。从这个观察中，我们隐约看到人口的聚集是没有止境的。不过，我们也要反过来问：过去人口是往城市聚集的，未来一定会这样吗？交通、通信技术的快速进步，会逆转这一趋势吗？

这一问题提出的背景，是信息技术的进步，使得很多时候人们不需要面对面就可以完成交流。电话会议、视频会议设备慢慢成为很多企业的常备设施，很多人甚至可以远程上班，还需要拥挤在城市里吗？虚拟现实常常可以以假乱真，真需要面对面交流的话，借助现代交通工具和发达的道路系统，人们可以很快见面。未来从杭州到北京的时间可能就是半个小时，那么未来城市聚集的趋势会不会逆转呢？

现实中的两个额外的考虑，使得人们希望城市聚集的趋势被扭转。第一个是房价。现在大城市房价这么高，很多中低收入家庭不堪重负，希望能够逃离大城市，卸下沉重的住房负担。逃离北上广的声音，在每次房价上涨的浪潮中都会响起来。第二个是城市的拥堵、污染、噪音等不太舒适的因素，使人们开始怀念"花园城市"的小镇生活，甚至"田园牧歌"的乡村生活。

关于这个问题，有多种不同的观点。有的人觉得会逆转，有的人觉得不会，还有的人觉得中短期和长期的趋势是不一样的。在中短期，大概十年二十年，城市肯定会聚集的，因为技术还没有那么发达，但是长期看有可能城市会分散，因为城市聚集到一定程度，效率会越来越低，成本会越来越高，对管理水平的要求也会越来越高。同时，技术的发展使小城市发展不受局限，机会和大城市是均等的，虚拟现实技术可以很好地解决教育、通信问题，而且人类攻克了重大的疾病，医疗资源的聚集也变得不重要，城市作为效率和专业化分工的产物可能就不那么重要了，所以未来会分散。

各种观点都有，我们如何思考这个问题呢？我们不妨从一个提问开始：技术进步不是第一次发生，过去也发生过，那么过去的交通和信息技术的进步，是加剧还是扭转了城市聚集的趋势？

这个问题问出来，答案是显然的。人类过去的交通和通信技术的进步，比如马车、火车、汽车、电报、电话，都加剧了人口向城市的聚集。倘若新的技术不仅不加剧聚集，还逆转聚集，我们就一定要追问，新技术和老技术到底哪里不一样？

先来看交通运输类技术。一眼望去，所有的交通技术都是为了"旅行更快"，所有的运输技术都是为了"运输更多"，新近的技术进步也毫不例外，都是在这个方向上继续前进。看起来，我们没有显然的、确定性的理由认为交通、运输技术的进步会导致趋势的逆转。

再来看通信技术。很多人认为通信技术的新近发展，比如视频会议、虚拟现实等，使得面对面的交流成为不必要，因此人们可以在物理空间上散开，不需要聚在一起了。真的是这样吗？

不妨看看已有的证据。电话的出现，特别是移动电话的出现，使得人们随时随地可以沟通，那么移动电话是减少了人们的见面，还是增加了人们的见面呢？

稍微想一想就知道，是增加了，而且增加了很多。没有移动电话的时候，信息沟通不便，很多时候人们也就不见面了。电话出现了，彼此情况沟通多了，发现很多事情在电话里说不清楚，反而产生了见面的需求，于是见面反而多了。所以，通信技术的进步不仅没有替代见面，还引发、创造了更多见面的需求。我们不妨把前者叫作"替代效应"，后者叫作"引发效应"。目前看，引发效应远远大于替代效用，移动电话的出现增加了而不是减少了人们的见面需求。

另外一个经常讨论的案例，是线上教育能够取代线下教育吗？现在网上有很多公开课，有的还是免费的，那么未来"学校"还存在吗？会不会被替代？

我自己是个老师，教书为生，我的体会是很难。为什么呢？因为学校上课，并不是传达标准化的信息，更多是对于信息的解读。如果只是信息的传达，那么学生看书就行了，上网就行了，根本没必要上课。课堂教学要解决的问题，不是念教科书，而是解读教科书。而且，很多时候，教科书也不一定很准确，需要批判性理解，这一点对于大学和研究生教育非常重要。知识总是在不断积累、迭代的，教学更重要的是讨论，是学会批判性地理解和吸收信息。这一点，千百年来从来没有改变，也不会改变。

而且，学校的价值，也远远不止上课这么简单。用一句时髦的说法，学校是个平台，价值远远超过授课。学生们一起活动，彼此交流，接触各种新鲜事物，也是学校重要的价值。就大学学习而言，很多时候并不是老师教学生，而是师生互动，甚至是学生教老师，教学相长。

我曾经说过一句开玩笑的话，我说在北京大学这样的地方，根本不用看老师的水平怎么样，学生们是一群聪明的猴子，彼此比赛就能不断进步。进个好大学，就是找一群聪明的伙伴，彼此激发，共同进步。

学校这个例子，也说明我们对于"交流"这个词，要有广义的理解。大家碰在一起，交流的东西可以很多打个电话，或者开个视频会议，很难替代复杂的交流。而且交流可以创造出更多的交流需求，这就是上文说的引发效应。人类终究是社会性的动物，更多的交流合作，是这个物种的本质需求。

从另一个角度概括刚才的两个例子，也可以说是人们的交流是分不同层次的。标准化的信息是可以在线上完成的，但是微妙信息的交流是很难的，见面也是不够的，要反复多次见面。举个例子，人们之间的信任，是个奇妙的事情，往往要反复见面，多次交流，了解彼此的脾气、品格，才能慢慢建立。你看生意人谈生意，不是见面就可以的，要多次沟通，了解对方的脾性，才能知道能不能和对方做生意，能做什么样的生意、多大的生意。

刚才是从需求的角度分析，我们发现，人类的交流的需求是没有止境的，没有"完全被满足"的时候。有了这个基本判断，我们就已经大致明白技术的进步，其实不会满足人们的所有需求，也不会导致城市聚集的逆转。那么，如何供给这么多的需求呢？

这就回到一个基本的问题，人类的技术不管多进步，每个人每天都只有 24 小时。人们能做的，是尽可能高效使用这 24 小时。随着收入的提高，时间成本就更贵，这 24 小时就更贵，人们就更不愿意把这宝贵的时间浪费在交通上，更加愿意聚集在一起，这就是城市。所以，聚集还会继续。

目前看到的趋势是，现代各种技术的进步，为建设高密度、宜居的城市提供了可能。纽约最好、最贵的住宅，集聚在中央公园附近，住在这里既欣赏了城市好风景，又享受了核心区的繁华便利。未来的城市中心，会出现更多这样的高端住宅。

结语

第 六 篇

第十四章

新《土地承包法》折射的城乡中国的未来

下一阶段的城市化中，人口将进一步流动、聚集，这在几个月前修订的《农村土地承包法》中有明确的体现。未来的城乡中国的格局，将由现在的五级行政单位[中央、省、市（地区）、县、乡镇]，慢慢转变为三级行政单位，分别是中央、省、市。镇作为市的派出单位而存在，村从来不是一级行政单位。在城市化时代，乡村将逐渐消失，聚集成镇。

2018 年 12 月 29 日，全国人大常委会通过了关于修改《中华人民共和国农村土地承包法》的决定。在众多的法律修改中，《农村土地承包法》毫不起眼，远远比不上《证券法》《土地管理法》《房产税法》引人注目。但是，《农村土地承包法》的修订，却折射了未来中国的城乡格局。

两条主要修订：农村土地三权分置，承包期延长 30 年

法律的条文很长，修订的地方很多，最关键的修订有两处，第一处是土地承包到期后，再延长 30 年。目前的农村土地承包，将在 2027 年到期。再延长 30 年，也就是到 2057 年后，中国的工业化和城市化，还会大幅发展，整个社会的面貌，会发生天翻地覆的变化，农业在国民经济中的比重，不会超过 5%。从经济体量和农业占比上讲，所谓的三农问题，会随着经济的增长而慢慢被消化掉。所以，一定意义上讲，延长 30 年和永久承包，也没有太大区别。

第二处关键修订，是从法律上确立了"三权分置"的制度，也就是农村土地所有权、承包权、经营权的"三权分置"。根据现有法律体系，农村土地的所有权，属于农民集体所有，但是由本集体经济组织的成员承包经营。这里是"两权分置"，是"所有权"和"承包经营权"的分置。这次修法的变化，是进一步把"承包经营权"分解为"承包权"和"经营权"，由"两权分置"

变成了"三权分置"。

修订的实质：鼓励农民进城落户，促进土地和人口流转

从"两权分置"变成"三权分置"，是这次修订的重点，我们先来举个例子。比方说我是某村的村民，村里的地属于村集体所有，我可以依法承包3亩地。以前呢，这3亩地我只能自己种，或者转包给别人种，或者送给亲戚熟人种。但是我不敢远走高飞，要常回家看看，怕人不在村里，这个地就没了。修法以后，这个担忧没有了，因为这个承包权，变成了我作为这个村成员的权利，是附着在我身上的，而且长久不变。

这个修订，其实是这次修订的核心和实质。为了这个修改，新版《农村土地承包法》专门增加了一条，作为第九条："承包方承包土地后，享有土地承包经营权，可以自己经营，也可以保留土地承包权，流转其承包地的土地经营权，由他人经营。"

而且，这个权利不仅是明文规定的，还制定了相应的保障措施。新版的《农村土地承包法》第二十七条明确规定："国家保护进城农户的土地承包经营权。不得以退出土地承包经营权作为农户进城落户的条件。"这句话什么意思呢？就是村民可以一边进城落户，一边继续享有村集体土地的承包经营权。法律明文这么规定，显然是针对现实中普遍存在的进城失地的担忧，无疑为村民进城落户解除了后顾之忧。

如果农民进城了，他的承包权和经营权怎么处理呢？新版
《农村土地承包法》第二十七条进一步规定："承包期内，承包农
户进城落户的，引导支持其按照自愿有偿原则依法在本集体经济
组织内转让土地承包经营权或者将承包地交回发包方，也可以鼓
励其流转土地经营权。"这里强调了"自愿有偿"原则。在这个前
提下，农民有三个选择，一是保留承包权和经营权，二是保留承
包权，把经营权流转出去，换取部分收入；三是把承包权和经营
权都流转出去，换取更多收入。

说到这里，情况就很清楚了。这样修订之后，农民进城的顾
虑就少了很多，作为村集体成员的利益不受损，同时可以进城分
享城市化的好处，人口向城市的流动，会因此顺畅很多。可以想
象的一种做法，是承包权、经营权都可以变成股份，农民带着股
份进城，获得分红收入。这样，土地、劳动力这两大要素的流转，
就大大增加了，这两种基本要素的有效供给，也就大大增加了，
对于未来的城乡发展，也会有好处。

修订的背后：发展阶段和政策思路的变化

现在，我们可以回过头来，问一些更深层的问题。为什么
《农村土地承包法》的修订很重要？既然重要，为什么之前不修
订，到现在才修订？这和我国的经济发展阶段，以及现实的政策
需求，都是直接相关的。

以前，城市化率不高，农村有大量人口，当时的政策变化，是从不允许农民进城，到允许农民进城打工。1992 年邓小平的南方谈话，开启了这个大幕。浩浩荡荡的农民工大军，就是这个政策变化的产物。

到了 2018 年，我国的城市化率已经很高，达到 59.6%。考虑到人口流动的统计有遗漏，实际的城市化率可能更高，劳动力日趋紧张的情况已经发生了。这时候的政策倾向，进一步转变为鼓励农民进城。不仅鼓励农民进城，还鼓励农民进城落户，变成市民。

这一变化，是两个力量共同作用的结果。第一个是刚才讲的，为城市经济发展提供更多劳动力，第二个则是农村和农业本身发展变化的需要。这个新的变化和需求，可以概括为"规模生产，规模居住"。

所谓规模生产，是农业生产必须上一个规模，否则难以持续。简单算一笔账，一亩农地一年的收入，平均来说在 500 元左右。一个农民要种 20 亩地，才能达到 10 万元的年收入，否则就不如进城打工。考虑到进城之后的各种便利，城里收入增长比农村快，以及农业生产风险大等因素，你至少要给农民 40 亩地，他才可能愿意长期种地，安心种地。所以，农业生产必须上一定的规模，否则农业生产积极性会受影响，粮食安全也会出问题。承包经营权的分离和流转，可以使得土地慢慢聚集到愿意种粮、善于种田的人手里，实现规模经营。

与"规模生产"相对应的，是"规模居住"。以前农民多，农业生产规模小，农民住在很分散的村里。这种分散的居住和小农经济相适应，但是在规模农业时代，会产生两个问题。

问题之一，是占用了大量的耕地。现在很多农村，有大量的住宅，但是没有人住，常年空在那里，不仅浪费了建房的各种支出，也浪费了土地。以后农民数量会更少，这种情况会更严重。

问题之二，是农村地广人稀，所有的基础设施使用率都很低，因此提供基础设施变得不划算。不划算就会不提供，至少是提供不足，因为运营的成本太高了，提供足了，又会造成很多浪费。比如说，现在很多农村的中小学，学生很少，因为孩子都到城里上学去了。这样一来，农村的学校就很难持续办下去。

客观的要求，是未来的农民聚集到少数镇子上。这样有两个好处，一是减少对耕地的占用，二是农民聚集在镇子上，可以集中修路、供水、供电、供气，以及提供学校、医院、移动通信信号塔等现代生活设施。否则，农村很分散，这些基础设施的成本都会很高，反过来导致农村缺乏基础设施。农村的基础设施向来比城市差很多，其实就是这个道理。

未来中国的城乡格局

刚才的讨论，指向一个重要的结论，就是乡村作为传统中国最基本的社会单元，会慢慢消失，人们会逐步聚集到少数的镇子上。未来的最基本行政单位，也会慢慢变成镇。乡土社会的解体，是工业化、城市化的必然结果。从 1990 年到 2017 年，我国自然村的数量，从 377 万减少到 317 万，减少了 16%，行政村的数量，从 101.86 万减少到 59.65 万，减少了 59% 多。乡土社会的解体，早已经在发生了。

表 14–1　各年（1990、2006、2016）地级以下行政区划数量

	1990 年	2006 年	2016 年
地级行政区划	151	333	334
地级市	185	283	293
县级区划	1 903	2 860	2 851
市辖市	651	856	964
县级市	279	369	360
乡镇级区划（万）	4.44	4.10	3.97
行政村（万）	101.86	63.70	59.65
自然村（万）	377	330	317

注：地级行政区划包括地区、盟、自治州、地级市，县级行政区划包括县、自治县、旗、自治旗、县级市、市辖区、林区、特区，乡级行政区划包括乡、民族乡、镇、街道、苏木、民族苏木、县辖区公所。

数据来源：国家统计局历年统计年鉴和历次农业普查数据。

进一步，因为体量较小，镇的基础设施还是会相对薄弱，镇虽然可以作为最基本的居住单元，但是效率并不高。最基本，同时又比较有效的居住单位，其实是县城。而镇，不过是县城的派出单位，并不是一级独立的、完整的行政单位。大家都熟悉一个词叫"派出所"，是公安系统的基层组织，是上级公安机关的派出

机构。以后的镇政府，也会是县级政府的派出单位。而县，将是神州大地最重要的基本行政单元。历史上，县一直是最基本、最重要的行政单位。

再进一步看，随着土地和人口流动的理顺，城市化会进一步推进，人口会更多向城市聚集。以后的行政系统，很可能是以城市为单位，而不是以现在的地区、县为单位。县将慢慢演化为市，以市为中心，辐射周边的农村地区，形成城乡一体化的网络系统。再考虑到中国的幅员体量，国土面积有 960 万平方公里，人口总量超过 14 亿，省作为一级行政单位很重要，会继续存在，但是地区、县、乡，将慢慢被市取代。

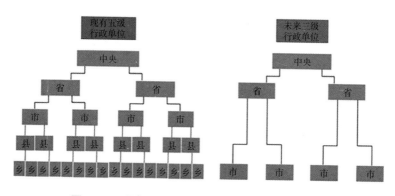

图 14—1　现有五级行政单位将转变为三级行政单位

总体上看，现在的五级行政单位 [中央、省、市（地区）、县、乡镇]，会慢慢向三级行政单位演化，分别是中央、省、市。市可大可小，是基本的行政单元，大城市分区，小城市不分区。镇作为市的派出单位而存在，和城市里的街道是一个概念。村从来不是一级政权，过去不是，现在不是，未来更不会是。

未来已来。这次《农村土地承包法》的修订，已经把未来折射得很清楚。亿万家庭，在规划未来的时候，也要考虑这个基本格局的变化。修订后的《中华人民共和国农村土地承包法》，已经于 2019 年 1 月 1 日施行。

第十五章
从工业化到城市化：中国改革开放的一个观察视角

从工业化到城市化，是对我国经济发展历史路径的概括，也是观察中国经济社会变迁的一个视角。目前城市化滞后于工业化，恰恰指出了未来发展的方向。中国要完成经济转型，就要让城市接力工业，成为经济发展的关键词。基于城市的理论很不完备，需要摸索建立新的理论体系。

在经济下行、房价上涨的全民焦虑之中，中国的改革开放走过了40周年。这40年中间，世界和中国都发生了天翻地覆的变化。世界经历了前所未有的经济一体化和金融自由，中国则从1978年白"一穷二白"，发展成2018年的全球第二大经济体。

中国做对了什么，下一步该怎么走？"中国奇迹"的背后到底是什么？这个"奇迹"的下半场将是什么样的局面？每个焦虑的中国人都在思索、等待一个答案。在上一年"北京清退"的整理中，在经济减速的背景之下，这种不安沸腾到了一个顶点。

作为观察者和记录者，作为研究经济变迁和城市发展的学者，我不是预言家，我没有预知未来的水晶球。我所能做的，只是从纯粹理性的角度，梳理这40年的逻辑和拐点。

本章罗列的是过去20年思考中国经济路径的一些要点，其中包含了对于一些似是而非的理论的批评。谈不上什么体系，漏洞肯定很多，需要填充的内容也很多，只希望能为未来的研究，带来一点启发。

"工业化先行，城市化接力"：中国发展道路的极简概括

21世纪以来，我国经济增长速度先升后降，呈现"倒U形"格局，顶点在金融危机之前的2007年。金融危机以后，我国经济增速持续下行，一路跌破10%、9%、8%、7%四个关口，趋势上还可能下行。经济增速的持续下行，凸显过去的经济增长方式不

可持续，急需寻找新的经济增长动能。

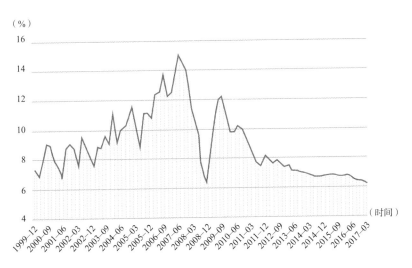

图 15-1　中国 GDP 增长率（1999—2017 年）

站在这个历史的时点上，倘若我们梳理过去，展望未来，我国改革开放的历史过程和未来方向可以归纳为"从工业化到城市化"。

先实现工业化，再转向城市化，在我国的历史环境下，有其历史的和现实的合理性。目前看，城市化率还很低，大城市人口占全国人口的比重也很低，城市化还有很大空间，我国的经济增长还有很大潜力，动能来自进一步的城市化，以及城市格局的进一步改善。

光荣与梦想归于工业化。改革开放以来我国的经济成就，根源在于快速实现了工业化。快速的工业化，为我国带来了近 40 年的快速经济增长，使我国成为全球第二大经济体，全球最大的贸易体，全球的制造业基地。在基本实现了初级和中级的工业化以后，我国的工业制造技术取得了长足进步，为向高级的工业化迈进打下了基础。我国已经建成的工业化基础，使得我国具备了相当的经济硬实力和技术软实力，使得我们有条件、有可能抓住工业升级、智能制造、人工智能、数字经济的历史性机遇，实现产业持续升级，成为经济强国。

由于历史的原因，我国走出了一条"工业化先行，城市化接力"的发展道路。"工业化先行，城市化接力"，是我国改革开放历史进程和未来方向的极简概括。在很多其他国家，工业化和城市化是伴生的，同时发生的，没有明显的先后顺序。我国的这一特殊发展路径，有其历史的和现实的原因。

工业化和城市化是相辅相成的。落后国家的工业化，由于可以借鉴发达国家的成熟技术，接入发达国家的成熟市场，可以快速积聚资源，快速动员劳动力和筹集、积累资金，倘若政策得当，有可能实现快速的工业化。亚洲"四小龙"和我国已经取得的经济成就，充分证明了落后国家快速实现工业化的可行性。

工业化取得长足发展以后，就为城市化的进一步发展奠定了经济基础、技术基础、人力资源基础。城市化接力工业化，是经济发展客观规律的要求。城市是现代经济的载体，是技术创新、产业升级、消费升级的容器，能够为经济增长带来新动能。

工业化快速发展的过程，必然伴随着城市的发展。我国的城市化率，已经从改革开放初期的 20% 左右，上升到目前的 59% 左右（2018 年数字）。尽管如此，我国的城市化依然滞后，常住人口城市化率有 59%，但是户籍人口城市化率只有 41% 左右，离发达国家 80% 左右的城市化率还有很大的距离，离 70% 的快速城市化拐点也还有很大的距离，农民工市民化还有很大的空间。

过去已去，未来已来：城市化接力工业化，成为经济增长新动能

2013 年开始，我国经济增长发生重要变化，由工业化主导，转型为城市化主导，集中表现为经济增长速度的"三个反超"，房地产价格的"一个分化"，和服务业部门的"一个主导"。

首先，不同规模城市的经济增长速度呈现"三个反超"：大城市经济增速反超中小城市，消费型城市增速反超投资型城市，服务型城市增速反超制造型城市。背后的原因，是大城市基础设施好，创新能力强，市场发育完善，内生的增长动力强，能够更好地对抗经济下行。在经济下行时期，大城市能够更好地起到经济自动稳定器的作用。

其次，房地产价格发生了"一个分化"：房地产价格，由以前的大、中、小城市"同涨同跌"，转变为"大城市大涨、中城市小涨、小城市基本不涨"。这一分化，与人口流动方向的变化一致。从 2013 年开始，尽管大城市的人口控制政策趋严，但是难改人口向大城市聚

集的规律，人口加速向大型城市聚集，中小城市人口流入速度减弱。

最后，服务业部门超过工业部门，成为国民经济的主导部门。2013 年，第三产业在国民经济中的比重达到 46.7%，超过第二产业的 44%，第一次成为国民经济的主导部门。然后一直上涨，到了 2018 年，服务业占 GDP 的比重，已经达到 52%。服务业为主的经济时代，已经悄然到来。

国民经济的这一系列重要变化，反映了经济发展的客观规律，也代表了未来经济发展的方向。我国目前的人均产出已经达到 9 000 美元左右，早已经是中高收入国家，离高收入国家的标准只有一步之遥，而且是全球第二大经济体。综合看，快速工业化的阶段已经过去，城市化接力的时代已经到来。未来的精彩故事，都将围绕"城市化"这个主题发生。

"工业化超前，城市化滞后"：中国经济结构的根源性特征

目前我国经济结构的基本特征，是"工业化超前，城市化滞后"，表现为工业化率偏高，城市化率偏低。比如说 2015 年，我国的城市化率与工业化率的比值是 1.4，世界平均是 2.0，发达国家平均是 3.4。这一比率衡量的是工业化与城市化的相对发展程度，从这一比率看，我国的工业化程度远超城市化水平。

"工业化超前，城市化滞后"这一基本特征，有其历史的和现实的原因。一方面，我国工业化进程很快，工业化程度已经很高。

在改革开放的过程中，我国通过发展民营企业，引进外资企业，加入世界贸易组织等一系列措施，接入世界市场，快速积累技术、资金，与我国的劳动力优势结合，快速实现了工业化。在条件具备的情况下，工业的特点是可以快速复制，发展进程可以非常快。相比较之下，城市是复杂的有机体，难以通过简单复制快速进行，相对滞后有其一定的客观必然性。另一方面，我国"城乡二元"的经济制度，减慢了人口从农村向城市迁移的速度，延缓了城市化的进程。

"工业化超前，城市化滞后"这一基本经济结构特征，是我国一系列经济结构扭曲的根源，包括投资占比大，消费占比低，出口占比大，服务占比低。这些结构问题之间的关系，在前面章节中已经逐一详细解释。这里想要说明的是，这些结构扭曲，根源在于工业化的相对超前和城市化的相对滞后，是我国经济增长的阶段性特征。倘若我国城市化可以进一步发展，这些结构扭曲将逐步得到修复。

实施低成本、可持续的城市化战略，建设包容、高效、宜居城市

党的十九大报告指出，中国特色社会主义进入新时代，我国社会主要矛盾已经转化为人民日益增长的美好生活需要和不平衡不充分的发展之间的矛盾。改善人民生活，满足人民日益增长的

美好生活需要的根本途径，是实现高质量、可持续的经济增长。实现这一美好目标的根本抓手，是顺应经济规律，节约经济发展和城市建设的成本，实施低成本、可持续的城市化战略，建设包容、高效、宜居的城市。

要科学认识城市建设中收益与成本之间的辩证关系。大城市的设施虽然昂贵，建设成本高，但是因为有大量的人口和经济流量的支撑，可以持续分担这些成本，反而是可持续的。小城市的初期建设成本低一些，但是人口吸纳能力也低，服务的人口数量和经济流量也低。相对于后期提供的服务流而言，小城市的设施反而是昂贵的，难以持续的。

低成本、可持续的城市化战略，要求发展大城市和城市群，提高城市整体效率和可持续性，不能片面强调小城市、小城镇初期建设的低成本，忽视后续发展中的高成本。小城市的这种低成本，是表面的、静态的，长期看是昂贵的、不可持续的。

要加大和优化大城市的基础设施投资，提高城市管理水平，提高城市承载力。不能因噎废食，因为城市建设和管理能力的不足而排斥外来人口，阻碍城市化进程。经验证据表明，没有外来人口的城市，是没落的城市，是不会有活力的，更不会有创造性。

要推进人口城市化，除个别特殊城市的特殊区域，应尽快放开落户限制，让农民工融入城市，从城市的过客转化为城市的市民，更好地推动城市发展和进步。建议实施"有档次之差，无身份之别"的基本公共服务覆盖制度，缓解财政压力，利用新增人口产生的经济增量，动态化解决新增城市人口的基本公共服务问题。

改善民生，满足人民日益增长的美好生活需求，源头在于顺应经济规律，节约经济发展和城市建设的成本，实现低成本、可持续发展。经济发展，是实现美好生活的物质基础和根本保障。对于少数低收入人口，可以采取社会兜底的办法，精准扶贫，维护社会稳定。

探索和确立正确理论基础，破除片面理论的不良影响

只有正确总结我国改革开放以来的历史经验，才能准确把握未来的发展方向。经济转型的十字路口，更需要探索和确立正确的理论基础，破除片面理论的不良影响。

深入理解城市

城市是经济增长的基础。历史上看，经济增长、人口增长、城市化是同步进行的，是三位一体的。城市化在长期经济增长中，处于基础的、核心的地位。城市是现代经济的载体，是技术创新、产业升级、消费升级的容器。只有深入理解城市，才有可能准确把握未来经济发展和社会变迁的方向。

城市的本质，是建立在一套基础设施网络上的功能机构网络。由这双重网络构成的城市，能极大节约经济发展的成本，提高经

济发展的效率，增加经济发展的可持续性。

城乡协调发展，是城市化的应有之义。城市处于网络的中心，乡村处于网络的外围。城乡融合，促进要素在城乡之间的有序流动，形成城乡一体化的分工网络，是城市化进一步发展的必然方向。推进城乡统筹协调发展，是深入理解城市之后的必然选择。

正确对待已有科学理论，破除片面理论的不良影响

中国的改革开放，是 20 世纪 70 年代以来全球最伟大的经济实践，借鉴了现有理论的优秀成果，也对现有理论提出了反思和挑战。

适用于经济发展初级阶段的"二元经济"理论，并不适用于经济发展的中高级阶段。"刘易斯拐点"理论在经济发展的初级阶段有一定的指导意义，但也仅仅是描述性的，而不是机制性的。在经济发展的高级阶段，生搬硬套这种描述性的理论，容易给出误导性结论。

经济发展的本质，是动态的技术进步、产业升级、人力资本积累的过程，而不是静态的人口从农业向工业的转移。在这个过程中，技术进步提高了城市部门的生产率和工资水平，促使劳动力向城市流动。随着工业化、城市化的推进，居民的人力资本不断累积，为进一步的经济增长和技术进步提供动力。这是一个交互的、迭代的进程，是没有止境的。

在经济增长的初级阶段，人口的城乡转移，为工业发展提供了低成本的劳动力，是工业化的重要助力。但是也要认识到，这种转移，是经济增长和技术进步的结果，而不是原因。城市对于劳动力的吸纳，前提是城市的技术进步和工资水平的提高。

在经济增长的高级阶段，劳动力数量不再是经济发展的主要约束，劳动力质量成为主要的矛盾，剩余劳动力理论不再适用，人力资本理论更加具有指导意义。这时候如果过度关注劳动力数量，对于劳动力质量的关注不足，容易得出悲观的、误导的结论。

增长与发展：理论概要

经济增长事关芸芸众生的福祉，是最让人着迷的学问。长期看，经济增长主要源于技术进步。技术进步有两个主要载体，资本累积和人力资本。本文梳理了经济增长的基本事实和理论，澄清了一些常见误区。

卢卡斯曾经说过，一个人一旦开始思考经济增长问题，就很难再去思考其他的问题了。这不是夸大其词。卢卡斯本人从 1988 年开始写作经济增长问题，然后就再也没有回到他赖以成名的经济周期问题。

对我而言，这句话也非常适用。自从 1998 年为宋国青老师做助研工作以来，我就从未能够停止思考经济增长问题。在国外念书和教书期间，主修专业是金融和投资，也不能够停止对经济增长问题的思考。如果两个国家每年经济增长率相差 1%，那么 70 年后人民生活水平就会相差一倍。对于经济学家来说，没有比经济增长更重要的话题了。

经济发展长镜头

　　最早的人类文明起源于中东地区的两河流域，在现在的伊拉克境内。人类最早的经济活动是捕鱼、打猎、采集，处于旧石器时代，旧石器的特征是比较尖锐，用来捕杀动物。在一万多年以前，在大江大河的冲积平原上，出现了农业种植，人类开展了一场农业革命，种植成为主要的生产方式。同时，人类进入了新石器时代。新石器时代有了有储藏作用的容器，说明这时候人类已经有较多的储蓄行为。后来，人类慢慢进入了青铜器时代、铁器时代，近代人类社会出现了科学革命和工业革命，开始了现代经济增长的历史。

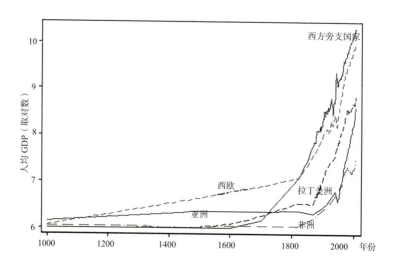

附图 1-1　世界经济增长历史

数据来源：Angus Maddison 数据库，http://www.ggdc.net/MADDISON /oriindex.htm。

附图 1–1 数据来自安格斯·麦迪逊（Angus Maddison）的数据库。从中可以看到最近 1 000 年来的经济增长概况。世界的经济增长在 1820 年左右存在显著的拐点，人均收入开始快速上涨。因此，所谓的经济增长实际上只有 200 年左右的历史。在以前，人均收入增长缓慢。

在公元 1400 年之前，世界的主要文明在亚欧大陆，美洲有玛雅文明、印加文明等，但是在发现新大陆之前，美洲还处于石器、青铜器时代，还没有使用铁器①。亚洲文明主要有中国、印度、中东等，中东与欧洲交流频繁，几乎融为一体，印度也与西方有一定交流。但在大航海时代之前，中国与西方之间有山脉、沙漠的阻隔，交流比较少。

欧洲文明发源于古希腊地区，在古罗马帝国时期达到鼎盛，横跨亚欧非。古罗马灭亡于 476 年。此后，欧洲进入所谓的"黑暗的中世纪"时期，长约 10 个世纪。14 世纪开始，欧洲先后进行了文艺复兴、宗教革命，随后酝酿出科学革命、工业革命。

工业革命为什么发生在欧洲，没有发生在中国？这就是所谓的"李约瑟难题"。但是李约瑟问的并不完全，工业革命与之前的技术革命、宗教革命、文艺革命等有很大关系。耶鲁大学教授威廉·格茨曼（William Goetzmann）认为，工业革命时期还发生了

---

① 玛雅文明属于石器文明，没有发明、使用青铜器和铁器。印加人的金属加工业比较发达，懂得金、银、铜、铅、锡、汞的冶炼。铜及其合金主要用来制造武器、日用器皿和利刃工具。发现新大陆之前，美洲印第安人未使用、发明铁器。

金融革命，金融革命也助推了工业革命的开展。有的文献也认为，要考虑这个问题，还要将社会结构、政治变迁考虑进来，例如国家间的竞争关系、宗教等因素。

实际上，现代经济制度、政治体制从荷兰开始，它的现代工商业文明甚至早于英国①。我个人认为，西欧各个国家规模比较小，竞争比较激烈，因为有了竞争关系，所以也就有了互相约束的关系，这可能是一个需要考虑的因素。在竞争约束下，产生了一些制度上的发明，可能是现代经济增长的真正起源。

比如说，公司制是现代经济制度最重要的基石之一。如果列出现代经济制度中最重要的五个要素，就一定包括货币和公司。②

---

① 早在 14 世纪时，尼德兰（今荷兰、比利时等地区）就出现了资本主义生产关系，16 世纪的尼德兰沿海城市是当时欧洲大西洋贸易中心，经济比较发达，当时尼德兰是西班牙的属地，西班牙国库收入的一半以上来自尼德兰。16 世纪下半叶，尼德兰爆发暴力革命，要求独立，1581 年成立荷兰共和国，是世界上第一个"赋予商人阶层充分的政治权利的国家"。历史学家也认为尼德兰革命是世界上第一场成功的资产阶级革命。宣布独立后，荷兰更加积极地发展航海和贸易，被称为"海上马车夫"。17 世纪后期，荷兰先后与英国、法国交战，都战败，势力逐渐衰落下来。

② 除货币和公司以外，第三重要的东西是什么？回答一：现代国家，有约束、有法律规范、有自由。评论曰：但是古希腊就有法律、有民主，而古希腊不是现代国家。现代国家这个因素肯定是重要的，但是我还没有找到合适的方式表达这个因素。我认为可能可以从英国资产阶级革命中寻找一些答案，英法历史的一个重要区别是，法国资产阶级革命进行了大规模暴力革命，而英国通过不流血的光荣革命完成了资产阶级革命，君主和贵族达成了妥协，妥协、缔约可能是现代国家的一个重要特征。进一步深入的研究可能还需要研究英国大宪章至光荣革命期间 400 年历史，研究经济结构的变迁、市民阶层的扩大等政治学方面的问题。回答二：信用、借贷关系。评论曰：这个很重要，值得进一步思考。货币和信用是什么关系？并列还是递进？这两个概念比较大，还不是具体的发明创造或者制度设计，需要细化。

公司制是荷兰人发明的，第一个现代大公司是东印度公司，是贵族们集资进行海外殖民的一种方式。公司作为一个组织进行资本运营，其力量可以超越个人、家族，形成规模效应，提高效率，这是公司的本质。欧洲发明了许多现代经济的组织形式，比如公司，使其组织力量比较强大，再比如专利制度。另外，社会、政治、宗教因素也发挥了作用。

工业革命之后，世界历史出现了一个大分野，欧洲成为先进地区，其他地区落后于欧洲，开始学习、追赶欧洲。简单梳理一下，世界经济增长史并不复杂，荷兰、英国、法国、西班牙、意大利、德国等欧洲国家先后崛起，英法等国完全殖民了美国、加拿大、澳大利亚，这些殖民地经济也飞速发展。非洲大部分也被英法殖民，但没有完全占领，亚洲许多地方也沦为殖民地，二战后，非洲、亚洲各国纷纷独立，之后就是日本、亚洲"四小龙"、亚洲"四小虎"等国家和地区飞速增长的故事。

经济增长的历程，用历史描述的方式就可以基本讲清楚，从欧洲起源，慢慢扩散到其他国家。最近几年，我对经济增长回归模型的作用，越来越持怀疑的态度。一般来说，经济增长回归模型中，左边是各国经济增长率，右边是一系列变量，例如初始收入（initial income）、储蓄率、人力资本、研发支出占总收入的比例、民主指标、贸易指标等，希望通过这样的回归找到经济增长的原因。仔细想的话，会发现这些模型既没有回答任何问题，也没有解决任何问题。大多数模型都会发现储蓄率是一个重要的变量，高投资带来高增长，但是这并没有任何意义，因为模型没有解释为什么某些国家能够进行高投资。

高投资带来高增长的故事与中国 1978 年以来的经济增长高度一致。但是，模型不能回答为什么 1978 年之前中国投资低，为什么 1978 年之后中国投资高，也不能回答为什么非洲投资低。经济增长回归方程中，哪一个变量可以解释中国 1978 年以来的经济增长？我的回答是，没有变量可以解释，这个回归没有告诉我们关于中国经济增长的任何信息。哪个变量能够解释乡镇企业？哪个变量能够解释加入 WTO？哪个变量能够解释国企改革？增长回归模型中的人力资本（通常以人均受教育年限衡量）经常是不显著的，甚至是负的，这告诉了我们什么信息？

还有一点，经济增长回归方程中没有权重，中国人口是新加坡的 250 倍，GDP 是新加坡的 34 倍，理论上这两个经济体不能同等对待，独立同分布的假设肯定不成立，但是在计量回归中，二者回归权重一样。在研究中，即使样本不满足独立同分布的假设，我们也可以先做回归，作为研究的起点，但不能将回归结果直接作为研究结果，研究终点。

我鼓励大家认真学好计量，不能学成半吊子，一知半解，不知道计量模型的假设、不知道如何解读计量结果，只会用计量软件计算结果。最重要的是如何解读结果，好的经济学家，包括计量经济学家，解读结果的功夫很深，会详细说明变量代表了什么，回归结果说明了几种可能性。而很多现代经济学学生忽略了这个功夫，只是列出回归方程，说明系数显著性，不了解背后的经济意义，更不了解回归结果后面的复杂的经济故事，这样做研究对理解现实世界没有什么用处。

　　所有经济模型在模拟实际经济关系时，都显得过于简单，现实要复杂得多。但同时，很多经济模型又过于复杂，因为很难解，也没有明确的经济含义。经济增长回归模型可以作为描述数据的方法，可以作为研究的起点，但远远不是研究的终点。经济增长回归模型只完成了研究工作中最开始的百分之一，它没有帮助我们更深入地理解问题。

经济增长理论简史

　　这部分我们简要回顾经济增长的理论。这部分有少量公式，放慢速度的话并不难读懂，跳过去也不影响阅读其他部分。

1. Harrod-Domar 经济增长模型

Harrod-Domar 经济增长模型（哈罗德－多马经济增长模型）是第一个量化、动态的经济增长理论模型。模型的基本假设是：第一，只有一个产品，既是资本品也是消费品；第二，只有两种要素（资本、劳动），二者在生产中比例固定、不可替代，这个假设意味着生产技术不变；第三，规模收益不变；第四，没有技术进步，资本－产出比不变。

$$Y = A * min\{K, L\}$$

$$g = \Delta Y/Y = (S/Y)/(\Delta K/\Delta Y) = (S/Y)/(I/\Delta Y) = s/C$$

s 是储蓄率，资本产出比不变的情况下，$I/\Delta Y = K/Y$，C 即为资本产出比。在 Harrod-Domar 模型中，产出由资本和劳动两大要素的较小值决定，因为那时候资本总是稀缺，其实就是由资本决定。推导出来的结果，经济增长率就等于储蓄率除以资本产出比。中国现在的储蓄率约为 40%，资本产出比约为 3，这个模型推出的中国经济增长率约为 13%，与现实数据相去不远。扣去 6% 左右折旧率之后，推测的增长率差不多是 10%，和现实数据更接近。

这个模型发表于 20 世纪三四十年代，用数学公式的方式表达了资本的重要性，只要有投资就有增长，与过去资本家"开了工厂就赚钱"是一个意思。该模型不考虑资本－劳动替代弹性是有其历史背景的，在早期工业化的过程中，工业生产率远高于农业生产率，有大量农民涌入城市，工业生产有大量廉价劳动力供应。相对来说，资本是稀缺资源，生产的约束条件是资本，这时候不太需要考虑替代弹性的问题。

后人对这个模型有许多批评，例如，第一，资本－劳动固定比例不合理，应该考虑替代弹性。这是一个技术问题，进一步扩展模型时可以改变这个假设。第二，该模型假设储蓄可以完全有效地转化为投资。在后来的经济发展中，储蓄不一定能有效地转化为投资。我国有大量净出口，这就表明了我国国民总储蓄超过了国内投资 [1]。

---

[1]　封闭经济中，储蓄等于投资。开放经济中，储蓄等于国内投资加上净出口，$S = I + NX$。

第三，该模型的政策含义是，穷国缺少资本，为了促进穷国的经济增长，应当给予穷国经济援助。但是实际情况与模型结论不一致，二战之后全世界给予了非洲许多经济援助，但是大部分非洲国家依然没有实现经济起飞。另外，我国给予革命老区的援助也没有显著效果，看来投入资本就带来增长的说法过于简单了。第四，经济理论一般认为，穷国资本稀缺，边际产出较高，富国资本富裕，边际产出较低，因此资本应该从富国流向穷国。但卢卡斯发现，实际上，资本并没有从富国流向穷国，反而是从穷国流向富国。Harrod-Domar模型提出的"资本流向穷国，促进穷国发展"的前提就不成立。

2. 索洛模型（Solow Model）

索洛提出的增长模型（Solow, 1956）加入了外生技术进步。该模型可以用一个简单的生产函数[①]表示。

$$Y = F(A, K, L)$$

其中，A 表示技术进步，是一个外生变量。生产函数规模报酬不变。变量 $A \cdot L$ 常被称为有效劳动数量。生产函数两边同时除以 $A \cdot L$ 得到：

$$\widehat{y} = f\left(\widehat{k}\right)$$

$\widehat{y}$、$\widehat{k}$ 分别为每单位有效劳动的产出和每单位有效劳动的资

---

① 如果考虑具有稳态的索洛模型，则必须假定技术进步采用劳动增进型形式，即 $Y = F(K, L \cdot A(t))$。Cobb-Douglas 生产函数（柯布 – 道格拉斯生产函数）$Y = AK^{\alpha}L^{1-\alpha}$ 也能达到稳态，但在稳态时人均变量 y、k、c 的增速不是 g，而是 $g/(1-\alpha)$。

本。这个方程的含义，是收入水平由人均的资本存量决定，这和 Harrod-Domar 模型是一脉相承的。只不过，这里加入了技术进步和要素替代的考虑，在形式上完备了一点点，比 Harrod-Domar 模型并没有革命性的进步。

假定总人口以不变的外生速度 n 增长（假设劳动力投入等于总人口），即 $\dot{L}/L = n$；资本折旧率为 δ；外生技术进步率为 g，即 $\dot{A}/A = g$，则可以推导出 $\hat{k}$ 的动态方程：

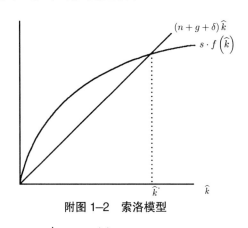

附图 1–2　索洛模型

$$\dot{\hat{k}} = s \cdot f\left(\hat{k}\right) - (n+g+\delta)\hat{k}$$

上式中的 s 为储蓄率。在稳态下，$\dot{\hat{k}} = 0$，$\hat{k}$、$\hat{y}$、$\hat{c}$ 是恒定不变的，人均变量 k、y、c[①] 以外生技术进步率 g 增长。

注：总投资曲线 $s * f\left(\hat{k}\right)$ 与生产函数 $f\left(\hat{k}\right)$ 成正比。$\hat{k}$ 的变化由 $s * f\left(\hat{k}\right)$ 线和 $(n+g+\delta)\hat{k}$ 线的垂直距离给定。资本的稳态水平 $\hat{k}^{*}$ 由 $s * f\left(\hat{k}\right)$ 线和 $(n+g+\delta)\hat{k}$ 线的交点确定。

---

① $y = Y/L$，k、c 同理，都是人均量。

可以看到，技术进步率 g 是一个非常重要的变量，但索洛模型假定 g 外生，并未研究它是如何决定的。后人将技术进步假定为内生，发展出内生增长模型，这是后话。讨论内生增长模型之前，先讨论一下对于索洛模型的一些误用。

索洛模型的误用

对索络模型的误用，集中体现在 TFP（total factor productivity，全要素生产率）这个概念上。研究中，普遍使用 TFP 来衡量技术进步率：

$$TFP = \dot{Y}/Y - \alpha\dot{K}/K - (1-\alpha)\dot{L}/L$$

根据上面公式[①]，TFP 实际上就是产出增长率减去投入要素增长率的残差。但这种计算技术进步率的方法存在严重的缺陷，因为它会导致至少两个严重问题。

首先，资本 K 和劳动力 L 的测度误差很大。20 世纪 50 年代开始的"剑桥资本争论"就提出了资本如何测度、异质资本如何加总的问题。要加总资本，不能直接加总资本的实际量，必须乘以资本价格再加总。资本价格是资本的边际产出，计算边际产出需要资本量数据，而资本量的计算又需要资本价格，于是陷入死循环。现实中使用资本的市场价格作为边际产出的替代，但这只是一个粗略近似，因为资本的市场价格或多或少会带有一些垄断

---

① 假定生产函数为 Cobb-Douglas 形式 $Y = AK^{\alpha}L^{1-\alpha}$。

加成定价（monopoly's mark-up），使得市场价格并非资本的边际产出，因此 K 的测度总是存在误差的。

劳动力 L（也包括人力资本 H）也难以准确测度。目前一般用学校教育年限测量人力资本，但这一指标非常片面。人力资本只有很小一部分来自学校教育，更多是来自"干中学"（learning by doing），或是家庭教育等其他因素。实际上，一个更好的人力资本变量是工资（收入）水平，因为一个人的工资直接反映了他的综合能力和市场对他的认可程度。但是在计算 TFP 时却不能使用这一变量，因为产出 Y 就是总收入，如果再用收入来衡量人力资本，那么人力资本部分贡献的残差一定是零，这也不合理。而且，工资也不能完美地测度人力资本。比如，现实世界中，既可以"三个臭皮匠，赛过诸葛亮"，也可以"一盘散沙""人浮于事"，这两种状态下人们的工资都和人力资本不同。因此，H 很难准确估计。

其次，在短期内,TFP 的波动反映的是经济周期而非技术变化。中国 2007 年，GDP 增速达到 14.2% 的高峰，2008 年受金融危机的外部影响，GDP 增速放缓，只有 9.6%。反映在 TFP 值上，2008 年的 TFP 要明显低于 2007 年。但是这显然不能说明 2008 年的技术进步率较前一年大幅下跌，而只是经济下行周期中出口下降导致的短期现象。2012 年以来 TFP 的下降，很大程度上同样是由紧缩宏观政策导致，与技术进步无关。TFP 不能用来研究短期技术进步情况，因为它受经济周期波动影响很大。滤除了经济波动因素，一个相对平缓的 TFP 时间序列，才是有意义的。

克鲁格曼的误导

以上两点说明 TFP 存在严重问题，而这一错误指标又对经济政策产生很多误导。克鲁格曼（Krugman，1994）提出并不存在所谓"亚洲奇迹"，批评亚洲"四小龙"的经济增长只是依靠高投资率而没有技术进步，经济增长模式不可持续。克鲁格曼的批评的重要依据就是亚洲"四小龙"1960—1990 年的 TFP 一直接近于零，新加坡甚至出现负 TFP。1997—1998 年的亚洲金融危机似乎支持了克鲁格曼的论断。

克鲁格曼的批评时至今日依然有其影响力。很多人批评中国的投资率过高。附图 1–3 展示了中国持续 30 年的高投资率，2009 年以后更是保持在 45% 以上。显然，中国投资率确实高，但是否"过高"呢？这要看投资回报率的高低。均衡状态下，投资的回报率由如下公式决定：

$$f'(k) = r + \delta$$

上式左边是资本的边际产出，右边是资本租赁价格。r 是利率，δ 是折旧率。如果 k 使得上面等式成立，这正是市场上的均衡水平。如果上式左边小于右边（即资本的边际产出小于成本），那么资本才是过度的（索洛模型中 $f'(k)$ 是减函数），投资才"过多"。根据测算，中国 1998—2012 年的投资回报率一直处于很高水平[①]。

---

① 　宋国青、卢锋等（2007），张勋、徐建国（2014）测算过相关数据。

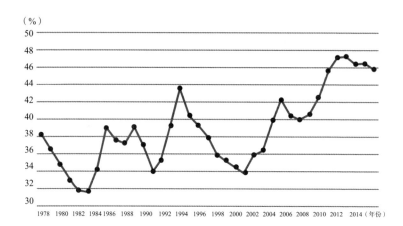

附图 1-3   中国投资率（1978—2014 年）

数据来源：国家统计局。

这样看来，投资是"高"，但不"过高"①。

高投资率带动的经济增长真的是不可持续的吗？事实证明，亚洲金融危机结束后，亚洲"四小龙"的经济增速远高于世界平均水平。2000—2014 年期间，亚洲"四小龙"平均增速 4.54%，印尼、马来西亚、泰国三个东南亚新兴国家平均增速 4.87%，而世界平均经济增速只有 2.68%。如果排除掉 2008 年金融危机带来的影响，2000—2007 年间亚洲国家的经济增速依然远高于世界水平。亚洲"四小龙"的人均 GDP 都高于世界银行给出的高收入国家门槛，韩国更是跨越中等收入陷阱的成功典型。由这些数据可

① 中国高投资的主要原因是投资回报率高，当然也有人为压低实际利率的扭曲因素，高投资中也有投资管理效率低导致的"低效投资"。但是，这些因素的影响是第二位的。

以看到，虽然亚洲"四小龙"的 TFP 很低，但是经济增长很好，克鲁格曼的预言并未实现。

附表 1–1　亚洲金融危机后世界各国和地区经济增长比较

	2000—2014 年增长率 / %	2000—2007 年增长率 / %	人均 GDP（2014 美元现价）
香港	4.07	5.32	40 170
台湾	4.04	4.87	22 648
韩国	4.36	5.40	27 970
新加坡	5.67	6.45	56 285
平均	4.54	5.51	36 768
印度尼西亚	5.34	5.05	3 492
马来西亚	5.12	5.57	11 307
泰国	4.16	5.26	5 977
平均	4.87	5.29	6 925
日本	0.87	1.52	36 194
美国	1.95	2.65	54 629
OECD[①]：高收入国家	1.69	2.51	43 654
OECD：所有国家	1.74	2.54	38 388
世界平均	2.68	3.34	10 721

　　数据来源：台湾数据来自环亚经济数据有限公司（CEIC）全球经济数据库，其他国家和地区数据来世界银行的世界发展指标（World Development Indicators，WDI）数据库。

---

① OECD，经济合作与发展组织。

　　索洛模型的一个巨大缺陷就是假定技术进步 A 外生，并且独立于资本投入、人口增长。现实中，这两条都是不成立的[①]。比如说，技术会嵌入在机器设备和人力知识当中（即 $A = A(K, L, H)$，A 是内生的）。落后国家购买先进设备，组织工业生产，外请专家指导培养本国工人，技术经验代代相传，就是技术进步的重要方式。K、L 和 H 的增加都会提高 A，带来技术进步。但是这一技术进步过程并没有体现在 TFP 中。譬如一个国家当年进口大量先进机器设备，工业生产又会吸引农村青年进城务工、提高专业技能。K 和 H 都在提高，并蕴含几年后巨大的技术进步。但在 TFP 计算中，只看到当年 K 大幅增加，于是 TFP 残差变得非常小，得出当年技术进步率很低的结论。这是严重的误解。

　　事实上，TFP 无法衡量短期的技术进步，技术进步是慢慢积累的结果，而且往往一两年、两三年内反映不出来。相对来说，中长期跨度的 TFP 更有意义，尽管也只能作为研究的开始。更需研究的问题是这部分 TFP 从何而来。中国 1978 年改革开放至今，制度变迁带来的组织效率提高和工作积极性的释放、生产技术进步、城乡转移带来的资源配置效率的提高等都是 TFP 的源泉。TFP 背后的道理更值得研究。

　　观察世界经验的话，经济增长都伴随着高投资。我们经常喜欢和印度比，因为我们和印度有很多天然条件上的相似性，以及

[①]　实际上，Solow（1957）已经指出 TFP 存在缺陷，因为技术进步会嵌入在投资里，但之后的很多研究者似乎忽视了这一点。

经济结构上的不同。土地面积、人口总量相差不远，但是社会、经济结构相差很大，我国是制造业发达，净出口较大，而印度是服务业发达、净进口较大，我国经济在 20 世纪 80 年代开始起飞，印度经济在 20 世纪 90 年代，特别是 2000 年以后迅速腾飞。比较印度与中国经济腾飞期的宏观经济，发现有两点显著不同：印度的制造业增加值占 GDP 比重很低，稳定维持在 15% 左右，而且制造业质量也比较差；印度经常账户赤字，净出口基本一直为负。但印度与中国最大的相同之处是高投资率。2004 年以后印度投资率一直在 30% 以上。附图 1—4 为 1960—2014 年印度资本形成总额、制造业增加值与净出口占 GDP 比重，其中左纵坐标为资本形成总额、制造业增加值占 GDP 比重，右纵坐标为净出口占 GDP 比重。

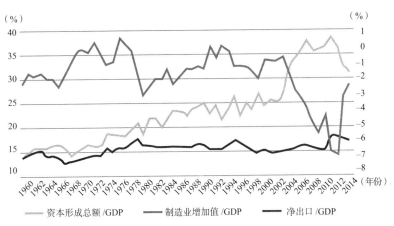

附图 1—4　印度资本形成总额、制造业增加值与净出口占 GDP 比重（1960—2014 年）

数据来源：世界银行世界发展指标数据库。

观察附表 1–2 和附表 1–3 的长期数据发现，无论是工业化较早的西方国家，还是亚洲"四小龙"及其他新兴国家，在经济增速较快的时期投资率都处于较高水平[①]。而且经济腾飞期出现越晚，投资率越高。英国 1770 年前经济快速增长时，投资率只有 5%；美国 1840 年左右投资率为 14%；加拿大 1870—1915 年期间投资

附表 1–2　发达国家经济快速增长期的投资率

国家	年份	投资 / GDP	国家	年份	投资 / GDP
英国	1770 年之前	5%	美国	1840 年左右	14%
	1800—1830 年	7%		1890 年左右	22%
	1895—1914 年	10%		1946—1955	22%
	1952—1958 年	16%			
意大利	1880 年左右	10%	加拿大	1870—1915 年	20%
	1896—1915 年	15%		1896—1915 年	23%
	1946—1955 年	21%		1921—1940 年	23%
德国	1851—1870 年	13%	日本	1887—1906 年	10%
	1871—1890 年	18%		1897—1916 年	11%
	1891—1913 年	23%		1952—1958 年	30%
	1952—1958 年	24%			

数据来源：摘自 Kuznets（1961）。为简明计，合并了一些年份，并省略了两次世界大战期间及其中间的数据。

---

① 排除二战后重建阶段，仍然能看到这一现象。

率达到 20%。几个亚洲新兴经济体经济起飞期的投资率都在 30% 左右，新加坡更是超过 40%，印度近年来也达到了 36%。中国内地的投资率是很高，但是放在亚洲起飞经济体的背景里，也不是特别离谱。

对于前沿国家（较早工业化，处于世界经济、技术领先水平的国家）而言，技术进步大多来源于本国的研发和创新，而研发失败率高，又不计入投资，因此投资率相对较低。但是后发国家可以借鉴先发国家已有技术，在大规模投资中获得技术进步，取得后发优势。对于后发国家，前沿上的自主研发成功率太低、成本太高，"拿来主义"在经济上更加合理。这种情况下，投资就是技术进步！这一点，可以帮助理解为什么在增长回归方程中最显著的是储蓄率。

附表 1-3　亚洲经济体快速增长期的投资率

经济体	年份	投资 / GDP	经济体	年份	投资 / GDP
韩国	1966—1996 年	29%	泰国	1981—1997 年	35%
中国台湾	1970—1981 年	30%	印度尼西亚	1981—1997 年	30%
新加坡	1970—1987 年	41%	中国内地	1992—2014 年	42%
马来西亚	1974—1997 年	31%	越南	1995—2010 年	33%
中国香港	1978—1997 年	29%	印度	2005—2014 年	36%

数据来源：世界银行世界发展指标数据库。

内生增长理论

前文讲到技术进步 A 是内生的，应该表示为 $A = A\,(K, L, H)$，但遗憾的是，索洛（1956）之后的内生增长理论并没有完全沿着这个方向前进，而是将 A 独立于资本、劳动力和人力资本。具体而言，内生增长理论从创新、人力资本和市场规模三个方向将技术进步内生化了。

创新

一类文献认为创新（具体而言就是研发活动）带来技术进步，有两个经典模型。一个模型是产品多样性（product variety）模型，认为技术进步表现为生产者所用的中间品种类的不断增多。研发人员受预期垄断利润的激励而将资源用于发现新的中间品。给定中间品是互补的，那么中间品多样性越高，产出就越高，也就是说产品种类的横向扩张导致技术进步、产出提高。这里的关键，是中间品之间的互补性质。在具体的函数性质设定下，中间品种类越多，产出越高。

另一个模型熊彼特模型（Schumpeterian model）将技术进步视作已有产品种类不变，但质量改善，提出"创造性破坏"（creative destruction）的概念：当一个企业掌握新技术，生产的中间品质量改善时，新产品会淘汰已有产品。可以假设不同质量的同一种中间品是完全替代的，那么一种高质量的中间品会完全挤出低质量中间品。研发企业将资源用于提高现有中间品的质量，成功的发明者沿着质量维度摧毁前人的垄断地位，是为"创造性破坏"。铁路的出现打击了运河航运，航空技术的快速发展打击了铁路运输，互联网的出现打击了传统电信行业，电商的出现打击了传统的实体商店，都是典型例子。

这类文献虽然很好玩，看起来也很严谨，但是我对这类文献的重要性，也就是对于理解现实的作用，有保留意见。这些模型为企业的研发活动做了大量的背书，造成了研发推动技术和社会进步的印象。现实中，研发创新当然是技术进步的重要来源之一，这个背书的意义不大。更重要的是，企业研发可能只占技术进步的一部分。历史上，很多重要的发现，比如青霉素，是偶然发现的。研发产生了看得见的技术，但大规模投资带来的大规模工业生产蕴含了更加重要的技术进步，促进整个工业水平普遍的提高，对于后发国家尤其如此。研发过程投入高、风险高、回报低，并不是有效的技术进步手段，尤其不适合发展中国家。后发国家进口机器设备、增加资本，带动城市化和人力资本提高，才是技术进步最重要的过程。

我有一个大胆的猜测，就是现实中的技术进步，并不是"正向的"，而更多是"反向的"。所谓"正向"，是技术变迁的方向从实验室到市场。企业研发创造新技术，然后应用新技术进行生产，到创造市场需求，这是内生增长理论的基本思路，也可以称为是"技术驱动"。所谓"反向"，是从市场需求开始，拉动生产，竞争性厂商为了降低成本、提高质量，根据生产需求创造出技术进步。"反向"从市场需求出发，因此也可称为"需求拉动"。现实中"技术驱动"和"需求拉动"肯定都有，但是我猜测"需求拉动"的作用远远大于"技术驱动"，甚至不在一个数量级上。

人力资本

人力资本是技术进步最重要的来源之一。人力资本的提高有教育投资、"干中学"、城市化三种途径。其中教育投资大家都很熟悉，文献也比较多，不再强调，这里着重强调一下"干中学"和城市化。虽然文献强调相对较少，但是作用可能更大。阿罗（Arrow, 1962）指出"干中学"是积累人力资本的重要方式。工作岗位上的训练对人力资本的重要性要高于学校教育。中国有句俗话，"男怕入错行，女怕嫁错郎"，说的是传统社会男人入哪一行很重要，因为决定你学什么、干什么，因此也决定你成为一个什么样的人。

卢卡斯（2004）等一系列文献认为城市化和人口迁移对提高人力资本有关键作用。在中国，农民从农村进入乡镇、进入小城市、进入大城市，一步步都是提高人力资本的过程。农民工进入城市的制造业和低端服务业，学习新的知识，提高技术水平，远高于在农村时的生产力。几亿农民进城是中国过去30年经济快速发展的重要源泉。世界上高收入国家的城市化率在80%~90%，中国截至2018年的城镇化率是59%，还有很大上升空间。从促进城市化的意义上说，我国的大规模基础设施建设并未出现严重过剩，目前的路网密度仍比欧洲差很多。而且，即使有些公路的使用效率看上去不高，但能够促进人口流动、让农村人更方便地迁移到城市，就是重要贡献。这里，要动态、全面地看，不能静态、局部地看。

城市化还可以降低企业负担。大城市的成本低，因为一个地方的基础设施成本，要由所有当地人负担，大城市成本由几百万、几千万人共同分摊，单位成本很低，利用率高，经济上合算。小地方修基础设施，利用率低、维护成本高，不合算。在中国，小地方办不起大企业，就是因为小地方如果吸引来一个大企业，那么地方财政很大一块都要从这个企业身上获得，企业负担很重；而一个大城市有很多企业，就可以分担这些负担，每个企业的赋税任务就相对较轻。又如中国有很多产业集群，产业集群除了有促进竞争、技术溢出的作用，还能使多个企业共同分摊当地的基础设施费用，共同负担政府征收的各种税费，降低单个企业的成本。①

---

① 城市化也解释了中国乡镇企业的衰落。改革开放后，粮食生产力提高，农民可以填饱肚子，但是还不能自由进城。农村有大量劳动力，农业劳动生产率在短时间内不能大幅提高，必然要选择拥抱工业文明。既然不能迁移到大城市，那么直接就地工业化，离土不离乡。乡镇企业是劳动力不能自由流动下的畸形产物。乡镇企业并非有效的生产组织方式，存在产权不清、缺少人才技术、市场小、成本高、产品质量差等很多问题，然而，这样低效的工业生产仍然好于更低效的农业生产。事实证明，一旦政策放开、农民自由进城，城市中的民营企业应声而起，乡镇企业逐渐衰落。工业只有大规模生产，才可能使用更先进技术，降低单位产品成本，大中型城市的工业才是有生命力的。

城市化是中国未来经济最重要的变量。如果能将大约 2 亿农业劳动力进一步解放出来，就能带来巨大的劳动力资源，所有劳动力不足、"人口红利"消失的讨论都会烟消云散。否则，中国的增长面临瓶颈，也有可能陷入中等收入陷阱。因此，城市化是中国经济发展的最重要话题之一。我自己这几年花了很多时间看城市化，着眼点就在此。目前看来，政策层面久拖不决，不敢太乐观。

市场规模

工业生产的重要要素就是规模效应。如果有一个大市场，工业生产就可以扩大规模，降低单位成本，企业也有意愿投入研发资金，从而进一步降低成本、提高质量。市场规模的扩大，对于工业生产非常重要。传统中国乡村为什么没有发展出工业？因为在传统乡村中，市场范围非常小，村庄支持的"工业"可能只有打铁铺之类，几个村庄才能支持一个杂货铺。只有人口密度比较大，形成一个规模较大的市场，才能支持工业和服务业的发展。欧洲中世纪是庄园经济，相当程度上，庄园内可以自给自足，贸易范围比较小。而交通发展、大航海时代之后，殖民活动使西方市场规模迅速扩大。欧洲人到美洲、亚洲、非洲殖民，不仅搜刮原材料，而且也需要新市场，否则要太多原材料也没用。比如说，殖民者来到中国后，西方生产的纺织品质量比较好、价格比较低，大量进入了中国市场。詹姆斯·哈格里夫斯（James Hargreaves）

发明珍妮纺纱机、瓦特（James Watt）改良蒸汽机是非常偶然、困难的事情，类似的发明可能还有很多，但是没有市场的话，就不为人知。殖民活动扩大市场之后，这些技术进步带来了巨大经济收益。如果没有一定的市场规模，发明创新本身风险会很高，回报率会很低。

在大市场中，发明创造的成本比较低，回报率较高，大市场有利于鼓励发明创造。以我国为例，改革开放之前和初期，我国工业布局很分散，每个省都有汽车制造厂，每个县都有自己的啤酒厂，形成地区市场分割，这时候研发的风险大，回报低。20世纪90年代中后期以后，特别是加入WTO以后，地区市场壁垒被打破，引入了外资，汽车行业的技术进步很快。市场打通之后，扩大的市场规模可以支持更多研发支出，用于提高生产线技术、培训工人、研发新技术。

从市场规模这个意义上讲，中国具有天然的优势，因为除印度之外，没有其他国家可以在人口上与我们相提并论。中国是统一的国家，市场广阔，没有政治动乱，而且有延续几千年的文明，在这些优势条件下，很多生意在中国更容易成功。上海有差不多3 000万人，人均收入较高，即使只有一小部分人购买你的产品，就会有很好的经济效益。而北欧发达国家挪威、瑞典、芬兰总人口都在500万至1 000万之间①，依靠人口密集的行业，例如电商、

---

① 根据世界银行数据，挪威2014年人口514万，瑞典2014年人口969万，芬兰2014年人口546万。

快递等行业就很难发展。

我国曾讨论发展农村的电商，实际上这是反城镇化的，不会有好结果的。在城市中，电商快递的单位成本很低，但在农村，为了送几件快递可能就要奔波几十公里，交通成本、人力成本都很贵。京东的刘强东曾说要发动大妈送快递，这可能反映了劳动力成本的压力。解决劳动力成本压力的办法，不是进一步浪费劳动力，而是要节约劳动力，城镇化才是节约劳动力的方式。

研究工业革命历史的人都知道，工业革命中的很多发明，之前其实已经存在——以某种形式存在，但并没有发扬光大，因为那里市场很小。那么这些地方为什么没有形成大市场呢？原因比较复杂，例如，大市场的形成需要一定的保障，现代国家是保障、秩序的提供者，在欧洲中世纪，战乱较多，庄园经济是主体，市场规模不可能大。英国建立君主立宪制度之后，市场可以慢慢发展起来。大市场的形成，是一个慢慢演化的结果。

其他议题

金融发展与经济增长

金融发展与增长这类文献数量众多，其中最著名的学者是罗斯·莱文（Ross Levine）。对于他的文章，我持很大的保留意见。他的主要研究方法就是回归方程，回归方程左边是经济增长，右边是金融发展的指标和其他控制变量，在几年的时间跨度上，研究金融发展指标的变化与经济增长的关系。这些研究是没有意义的，因为经济增长是一个长期问题，而且经济增长会反过来影响金融发展。现实中的金融发展，往往是经济发展过程中，企业有了某种融资需求，然后金融部门满足这个需求，从而产生了金融发展。倘若金融部门不能提供这些需求，能满足新需求的金融部门就会被创造出来。否则，经济就窒息了。

因此，经济增长和金融发展是一个相互交织、相互促进的过程，存在正相关关系。但是这个正相关关系不意味着任何因果关系。任何计量方法，都很难完全处理掉反向因果的问题，这是人脑要解决的问题，计量无能为力。有部分研究以为用结构化模型、工具变量等方法可以解决反向因果问题，其实是过于天真了。当然，也可能是屁股决定脑袋。

而且，现实中有很多例子说明，在经济发展过程中，如果金融过度自由发展，对经济发展有伤害。例如拉美国家、东南亚国家，过快地放开国外银行进入，过快开放资本账户，最终导致了金融危机。在这个问题上，我赞同罗宾逊和卢卡斯的观点，当实体经济有需求时，金融部门就会发展，除非有政府的管制。在管制情况下，金融部门也会在夹缝中发展，效率较低。倘若实在顶不开管制，则经济发展就会受阻。倘若政府管制并不是金融部门发展的约束条件，那么政府就有必要进行审慎监管，使金融发展与实体经济需求相配合。人为"刺激"金融发展，很可能适得其反，祸患无穷。而金融发展文献开出的药方，常常就是这种，令人哭笑不得。一知半解的危害，是很大的，比无知要大得多。

另外，衡量金融发展的变量大都是一些间接变量，很有争议，例如私人信贷的 GDP 占比、股市债市总市值与 GDP 的比率。如果按信贷指标计算，那么我国的金融发展水平居世界前列。有常识的人都知道，中国的信贷总量偏大，不仅不是金融发展的正向指标，甚至是反向指标，恰恰是金融不够发展、金融体系效率不够高的结果。

这个研究要继续进行，需要做更加细致的工作，不能停留在回归层面。例如，我国银行长期维持 3% 的存贷利差，实际上就是把一部分企业利润直接转移给银行和政府。在我国经济快速发展、企业利润率较高的时期，高存贷差的问题被掩盖。但在企业利润变薄的背景下，高存贷差很可能会产生不良后果，比如压缩了企业的利润，增加了企业的成本，而利率市场化有助于降低企业的综合融资成本。金融发展与经济增长这个方面的研究，还是应该从这些具体的问题着手、分析逻辑链条，简单回归并不能解决问题，甚至会产生误导。

贸易与经济增长

在近现代历史中，有两次全球化浪潮，第一次是 1870 年左右至 1914 年，国际资本流动和贸易都有很大发展，这是人类经济发展的第一个黄金时代，二战之后是第二个黄金时代。在布雷顿森林体系下，管制资本流动，放开国际贸易。一开始，主要是美国、欧洲、日本参与国际贸易，后来是美洲、亚洲一些发展中国家。20世纪80年代之后，更多国家加入国际贸易体系，全球贸易与资本流动达到新的高度。国际贸易的发展有助于扩大市场规模，促进技术进步。

在国际贸易过程中，贸易双方存在技术溢出效应，特别是落后一方受益明显。但是这只是看得见的技术进步，还有看起来没那么"炫目"的技术进步，同样重要。贸易推进市场规模扩大，大规模生产带来单位成本降低、质量提高，这本身就是最重要的技术进步。其中带来的人力资本积累，你很难测度，但是可能也很重要，如果不是更加重要的话。经济学研究"非量化、不学术"，抛掉了很多重要但是不能量化的东西，实在是可惜。

制度与经济增长

许多文献认为好的制度带来了经济增长，这个观点固然正确，但是没有回答好的制度是如何建立的。在产权明晰、法制健全、权力制衡的条件下，市场效率比较高，促进经济增长。这个没有问题，但问题在于这一套制度是怎么建立的，能简单照抄、移植吗？中国的产权、法制制度如何建立？

看起来，简单移植是不成功的，欧美的产权、法制制度是两千多年社会演化的结果，东欧国家曾经尝试直接移植西方政治、经济制度，但是效果并不理想。市场是配置资源的最有效手段，但是市场机制的建立不仅不是廉价的，而且还很贵，还需要花费很多资源去维护。制度的建立和演化问题，可能不能依靠经济学家解决，经济学的量化分析、计量回归的方法必然丢掉了很多难以量化的重要因素，这些因素很可能是制度演化的关键。历史学家、社会学家、政治学家、人类学家的研究，更可能对回答这个问题很有帮助。

研究制度与经济增长的著名学者德隆·阿西莫格鲁（Daron Acemoglu）和詹姆斯·罗宾逊等人，研究美洲、非洲等地的制度起源，将制度建立与气温、传染病、殖民者态度等因素相联系。实际上这些因素都是随机效应，因为这些历史、环境因素都是不可重复的。这些研究虽然好玩，但是无法说明中国如何建立完善的市场制度，也无法解释中国为什么在 1978 年选择改革开放。家庭联产承包责任制、邓小平南方谈话、20 世纪 90 年代末国企改革、2001 年加入 WTO，这都是驱动中国经济增长的重大事件。制度建设是重要的，但现有的研究无法帮助我们理解制度演化问题。2015 年去世的诺斯（Douglass C. North）从制度演化的收益和成本方面考虑这个问题，但是这种很严谨的历史分析后继乏人。在目前的学术氛围下，没有计量回归就难以发文章，现在大部分经济史研究者也在大量使用计量回归的方法，让人颇为失望。计量方法可能有助于经济史研究，但是"无计量，不文章"可能过头了。有意义的经济史研究，还需要等待有训练、有心的人。

发展经济学简介

增长与发展

增长与发展的区别在哪里？曾经听过几位国内知名经济学家是这样定义的：经济增长是人均收入的增长，而经济发展是包括收入增长在内的一系列经济指标的进步，包括制度的发展。这样的定义看起来全面、科学，其实与经济增长和发展的文献历史不符。实际上，经济增长的文献主要研究高收入国家如何实现技术进步，而经济发展的文献主要研究二战之后，落后国家如何追赶的问题。

发展经济学的发展历程

发展经济学的发展历程主要是三部曲。第一步，二战之后，结构主义方法兴起。当时经济学家看到发达国家主要以工业为主，发展中国家主要以农业为主，尤其是发达国家重工业技术水平高、利润空间大。于是，经济学家提出落后国家的主要问题是经济结构不好，落后国家需要模仿发达国家的产业结构，发展工业，尤其是重工业。这个方法后来被证明是不成功的，实施发展重工业战略的国家并没有取得预期中的经济高速增长，落后国家并没有足够的资金购买设备，也没有人力资本支持重工业的发展。用林毅夫教授的话来说，发展重工业的战略不符合落后国家的比较优势，欲速而不达了。

　　第二步，经济学家们总结二战后发展中国家失败的教训，提出了华盛顿共识，代表人物是约翰·威廉姆森（John Williamson）[①]。既然模仿发达国家产业结构是失败的，那么落后国家缺乏的不是先进的产业结构，而是更根本性的因素——发达国家的制度基础，例如产权、民主、法治，落后国家应当移植这些先进制度。但是东欧国家改革经历成为华盛顿共识的著名反例，因为制度也是内生演化的结果，与文化、习惯、社会结构、思维方式、知识结构等都相关，简单复制发达国家的制度也很难取得成功。

　　不管是结构主义，还是华盛顿共识，都是简单粗暴地要求发展中国家模仿发达国家，是一种切断历史的做法。在思维方式上，有冒充上帝的嫌疑。事实上，发展中国家的很多情况都和发达国家不一样，简单抄一两样作用不大，除非能把所有因素一起照抄。"橘生淮南则为橘，生于淮北则为枳"，说的就是这个道理。北京大学的林毅夫教授提出的比较优势、动态比较优势和新结构经济学的理论，都比较注重产业结构、社会制度的演化，克服了上述简单拷贝发达国家的问题。从这个意义上讲，林毅夫教授比这些经济学家要高明一些。

　　林毅夫对新结构经济学的定义是"关于经济发展过程中结构及其变迁的一个新古典框架"。这个定义落脚于"新古典框架"，表

[①]　1989年，针对拉美国家的国内经济改革措施，约翰·威廉姆森总结了当时IMF（国际货币基金组织）、世界银行、美国财政部已达成共识的十条政策措施，称其为"华盛顿共识"。

明了这个理论是尊重市场、基于市场的，发展中国家的发展历程就是要一步步建立市场。而经济结构的变迁是一个路径依赖的演化过程，难以实现产业发展的跳跃。小经济体，比如香港、新加坡，也许可以通过巨大的外部冲击实现跳跃发展。但对于大经济体来说，外部冲击很难产生持续效果，需要通过逐步的自我演化实现产业升级。实际上，即便香港、新加坡，也走过了低端制造的发展阶段。

林毅夫的"动态比较优势"概念就是指，落后国家需要慢慢积累生产能力，逐步改变禀赋结构和比较优势，从一开始的农业升级为简单加工制造，再发展到高级一点的制造，再升级为重工业，以及技术更加密集的产业。在这个过程中，资本逐渐积累，教育水平逐渐提高，市场制度逐渐完善，最终实现经济发展水平的赶超。林毅夫自己认为新结构经济学是发展经济学的第三波，就是与前面的结构主义和华盛顿共识相区别。

我与林毅夫教授的主要区别有三点。第一，我对政府干预经济的信心没有那么强。林教授比较强调在产业升级过程中政府的协调，甚至主导的作用。现实中，政府在主导产业升级时，有时做得过多，有时做得过少，而且效率比较低。我们研究时可以假设一个高效、廉洁的服务型政府，但这个假设很多时候不成立。政府总有自己的利益考虑，主导产业升级时，可能会造成资源配置的扭曲。在政府的作用这个问题上，我比林教授保守很多。

但是我也反对简单要求政府完全不干预，要求撇开政府发展经济的观点，这些观点类似于华盛顿共识，假设了一个完美政府的存在，并且假设政府是铁板一块，不会走样。牛顿在寻找第一推动力时找到了上帝，华盛顿共识在寻找最优制度时找到了政府，其他时候政府则为无物，思想方法上是不自洽的，是自相矛盾的。

政府作为现代社会中一个巨大的存在，不能被无视。作为经济生活中的最重要要素，政府必然会发挥作用，不管是好还是坏。现实的态度，是研究政府的运作模式和利益驱动因素，进而研究政府的行为规律。经济发展的过程也是社会各方追求自己的利益，建立交易秩序的过程。政府既不是上帝，也不是魔鬼，而是一个重要的、复杂的、相对特殊的市场玩家。政府和市场不是对立的，政府是市场的一部分。

第二，我对中国经验的解读和林老师也不完全一致。在我看来，中国的经验并不特殊，"四小龙"的经验也不特殊，都是逐步引入市场，让市场发挥作用，并导致了经济增长。比如说，出口战略的本质，除了利用比较优势参与国际分工与国际竞争外，更重要的是利用了"市场"。出口能够发展，是因为对"四小龙"这些落后经济体而言，有一个运转良好的国外市场存在。

出口货物这个说法并没有错，可是并不到位，更加到位的说法是"进口市场"。发展中国家最稀缺的，并不是生产要素，甚至也不是生产技术，而是抽象的"市场"。通过出口货物而进口了市场，相当于是一步跨越了欧洲国家几百年市场建立的历史，这才是后发国家能够快速起飞的真正原因。在经济发展表象背后，隐藏的是市场建立的过程。这是经济发展的实质所在。

我和林毅夫的第三点不同，是林毅夫认可主流的新古典体系，而我对于目前这一主流理论体系有很大的怀疑。新古典框架的内核是牛顿力学，是静态的；我认可的经济学的内核，是生物学的，是演化的。这一经济学世界观的不同，决定了我虽然高度评价林毅夫老师的新结构经济学，认为这可能是当今中国的最好的理论，但却不认为这是我们要寻找的最好的理论。革命尚未成功，学人仍需努力。

经济增长的基本事实

最后，我们来梳理一下二战以后经济增长的基本事实。这种信息，是我们研究经济增长必须掌握的背景资料。

附表1–4是二战之后，全世界几大区块的经济增长的基本情况，表格第二列是2014年的人均收入水平，其他列是人均收入增长率。全世界平均人均收入是10 721美元，OECD国家是接近4万美元，非OECD国家是4 849美元，南亚和非洲都有十几亿人口，而这两个区域的人均年收入仅有1 000多美元。这个世界未来的经济增长很大程度上取决于这两个区域是否能实现快速增长。当然这并不是说其他地区没有发展机会，我国2014年人均收入约为7 000多美元 ①，还有很大的提升空间。

另外，二战以来，许多地区都曾经实现高速经济增长。我们

---

① 　根据世界银行数据，中国2014年人均GDP（现价美元）为7 590美元。

附表 1-4　二战后世界各地人均收入增长比较

地区	人均收入(2014)/美元	1950年/%	1960年/%	1970年/%	1980年/%	1990年/%	2000年/%	2010年/%	1950—2014年/%
世界	10 721	2.48	3.12	2.03	1.27	1.17	1.32	1.59	1.87
OECD	38 388	3.59	3.79	2.64	2.17	1.80	0.94	1.20	2.38
非OECD	4 849	2.27	2.64	3.17	1.31	1.33	4.50	4.12	2.65
非高收入国家									
东亚与太平洋	6 240	2.52	1.33	4.99	5.95	6.73	7.95	7.16	5.06
南亚	1 504	0.97	1.65	0.57	3.16	3.29	4.73	5.32	2.61
东欧和中亚	6 874	4.11	3.84	2.65	0.20	-0.94	4.31	3.43	1.43
撒哈拉以南非洲	1 776	1.95	1.81	1.25	-1.14	-0.86	1.95	1.66	0.88
拉美和加勒比	9 091	2.04	2.79	4.24	0.32	0.93	1.54	2.40	2.00
中东和北非	4 313	2.67	2.58	2.57	-1.63	1.87	2.72	-0.05	1.64

数据来源：Angus Maddison 数据库、世界银行世界发展指标数据库。1970 年开始，OECD 国家和非 OECD 国家的人均 GDP 增速都快于世界平均水平，是因为非 OECD 国家人口增长更快，拉低了世界人均增速。2014 年人均收入为现价美元计算的人均 GDP。

主要有两点结论：第一，高收入国家的增速其实比较高，1950 年至 2014 年，OECD 国家的平均年增长率是 2.38%，而大多数不发达地区的增速低于 OECD 国家，这说明经济增长"趋同"并没有发生，实际的情况是富国更富，穷国更穷。第二，亚太地区是二战之后经济增长最快的地区，是唯一发展速度超过 OECD 国家的落后地区。两个地区经济增长率相差 1%，持续 70 年，经济水平会相差一倍，亚太地区与其他落后地区的经济增长率差距最终导致了收入水平的巨大差距。

附图 1–5 是一些发展中国家 1960 年至 2014 年的收入水平增长概况，美国和 OECD 国家收入水平，坐标在右轴，其他国家坐标在左轴。总体而言，图中的发展中国家在二战之后至 1980 年经济快速增长，1980 年至 2000 年，收入水平的增长基本停滞，2000 年之后又开始增长。这个现象与我们平时讲的中等收入陷阱基本上是一回事，很多国家在 1980 年到达中等收入水平之后就停止了经济增长的步伐。经济增长的背后需要制度、人力资本等因素的支撑，发展中国家发展到一定阶段后，不能建立类似于西方的政治、经济制度，很多摩擦导致了经济增长的停滞。2000 年后的世界经济增长与中国的快速经济增长有重要关系。2000 年之后，中国加入 WTO，中国的出口替代了许多国家的低端劳动力，压低了成本，中国的进口为许多国家带来了巨大的市场需求，助推了许多国家的经济增长，例如，我国从巴西大量进口原材料。全世界高收入国家的人口总量仅有 10.3 亿，而我国有 13 亿多人口，我国参与全球贸易对世界经济产生了巨大影响。

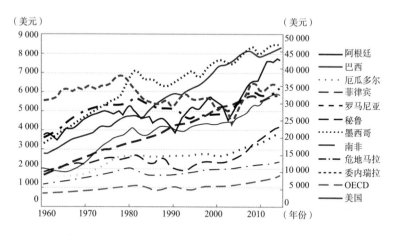

附图 1-5　发展中国家收入水平增长（1960—2014 年）

数据来源：世界银行世界发展指标数据库。

阿马蒂亚·森在北大演讲时认为，中等收入陷阱不是一个有用的概念。他的主要意思是不能用一个概念代替背后的分析，这不是有效的分析方式。他要求进一步分析，为什么经济到一定阶段就会停滞，并强调了人力资本和教育。很多经济学家反复强调人力资本和教育的作用，这值得所有关心经济增长的人注意。

在中国，还有一个因素需要反复强调，那就是城市化。如果将剩下的 2 亿多农业劳动力[①]解放出来，中国就可以跨越中等收入

[①] 根据国家统计局数据，2014 年我国就业人员 7.7 亿，第一产业就业人员 2.3 亿，第二产业就业人员 2.3 亿，第三产业就业人员 3.1 亿。

陷阱。这 2 亿多劳动力收入较低，而且愿意努力工作，只是目前的制度框架阻碍了他们进入城市。目前来看，城市化政策改革有所放缓。2015 年年初，国务院出台文件 ①，在全国范围内选 33 个县，进行封闭试点，实验农村土地改革和城市化，试验期为 3 年。这三年内，城市化政策可能不会有大幅推进。

----

① 2015 年 2 月 25 日，全国人大常委会审议相关决定草案，授权国务院在北京市大兴区等 33 个试点县（市、区）行政区域，暂时调整实施土地管理法、城市房地产管理法关于农村土地征收、集体经营性建设用地入市、宅基地管理制度的有关规定，允许存量农村集体经营性建设用地使用权出让、租赁、入股，实行与国有建设用地使用权同等入市、同权同价；下放宅基地审批权限；综合考虑土地用途和区位、经济发展水平、人均收入等情况，合理确定土地征收补偿标准。

附录 2
经济增长中的资本积累与技术进步 [①]

  基于索洛模型的增长核算,忽略了资本积累中"嵌入"的技术进步,低估了技术进步对经济增长的贡献。经验上,亚洲"四小龙"曾被批评经济增长中要素增加的贡献很大,而技术进步的贡献太小,增长不可持续。但是亚洲金融危机后"四小龙"迅速复苏,保持了高速增长,并进入了高收入经济体行列。长期经济发展史上,投资率有一个上升的趋势,美国、德国经济起飞后的投资率远高于经济起飞更早的英国,后来日本的投资率则更高。近年来,印度投资率也随着经济增速大幅上升,超过我国 20 世纪 90 年代的水平。对于后发国家而言,新增投资中包含了当时先进的技术,并且使用新资本品过程中可以促进人力资本的累积和技术的进步。简言之,对于发展中国家而言,投资本身是技术进步的最重要方式。

---

① 本文原是作者在反思中国经济发展,特别是投资在其中的作用时的笔记,缘起在于目前对"过度投资"的批评意见很多,但是投资又确实带来了经济增长和技术进步。整理成文过程中,为了行文的简明和流畅,没有加入太多理论推导和技术性注解。本文亦没有尝试做系统全面的文献综述,而只是选择性引用一些相关的文献,特别是与投资和技术进步的讨论有关的文献。毕竟,关于经济增长的优秀教科书和文献综述已经很多。整理成文的另一个动因,是在北京大学讲授经济增长期间,觉得一些话可能没有说很清楚,因而也需要对学生有一个补充交代。

引言：从索洛模型说起

关于经济增长的一个基本争论，是关于技术进步和资本积累在经济增长中的作用和关系。具体说，到底是技术进步还是资本积累导致了经济长期增长？这二者对于经济长期增长的含义有何不同？这二者之间的关系又是什么，是两个独立的过程还是交互的过程？如果是交互的过程，那么是技术进步导致了资本积累，还是反过来？对于发展中国家还要问，这种关系在发达国家与发展中国家是基本相同，还是有显著不同？正确回答这些问题对于理解我国的高投资率在经济发展中的作用，对于未来经济形势的判断，以及政策制定，都具有基础性的意义。

罗伯特·索洛在 1956 年创建的索洛模型，是研究经济增长的基准模型，对后来的理论与实证研究，都产生了深远的影响。[①]

---

① 几乎与索洛同时创建索洛模型的是斯旺（Swan）。在索洛模型中，储蓄率是外生的，后来卡斯（Cass）和科普曼斯（Koopmans）等人引入家庭的最优决策，把储蓄率内生，拓展了索洛模型，因而索洛模型也被称作 Solow-Swan-Cass-Koopmans 模型。相关文献参见（1）R. Solow, "A contribution to the theory of economic growth", *Quarterly Journal of Economics,* vol.70, no. 1, 1956, pp. 65–94.（2）T. Swan, "Economic growth and capital accumulation", *Economic record,* vol.32, 1956, pp. 344–61.（3）D. Cass, "Optimum Growth in an Aggregative Model of Capital Accumulation", *The Review of Economic Studies*, vol. 32, no. 3, 1965, pp. 233–240.（4）T.C. Koopmans, "On The Concept of Optimal Economic Growth", in The Econometric Approach to Development Planning, Amsterdam: North-Holland, pp. 225–195.

这一模型把经济增长归结为要素增长和技术进步，推导出稳态的增长路径和决定参数，提供了一个描述和理解经济增长的可操作的参照系。后来的经济增长模型，包括内生增长模型，都是在索洛模型的基础上进行的改进和扩展。[①]

简而言之，索洛模型把产出写成资本和劳动的函数：$Y=AF(K, L)$。其中，K 代表资本，L 代表劳动，A 代表生产技术，给定资本和劳动投入，产出随着 A 的提高而增加。文献中经常使用的柯布–道格拉斯生产函数，即 $Y=AK^{\alpha}L^{1-\alpha}$，具有边际收益递减，规模报酬不变，资本与劳动的收入份额不变等重要性质，这些性质给建立和推导模型带来很大便利，也可以帮助描述、概括一些常见的增长特征。

索洛模型的一个重要应用，就是利用增长核算的方法对经

[①] 代表性的内生增长模型包括 *AK* 模型，参见（1）K. J. Arrow, "The Economic Implications of Learning by Doing", *The Review of Economic Studies*, vol. 29, no. 3, 1962, pp. 155–173.（2）M. Frankel, "The Production Function in Allocation and Growth: A Synthesis", The American Economic Review , vol. 52, no. 5, 1962, pp. 996–1022.（3）P. M. Romer, "Increasing Returns and Long–Run Growth", *Journal of Political Economy*, vol. 94, no. 5, 1986, pp. 1002–1037.（4）R. E. Lucas, "On the mechanics of economic development", *Journal of Monetary Economics*, vol. 22, no. 1, 1988, pp. 3–42. 产品多样性模型，参见（5）P.M. Romer, "Growth Based on Increasing Returns Due to Specialization", *The American Economic Review*, vol. 77, no. 2, Papers and Proceedings of the Ninety-Ninth Annual Meeting of the American Economic Association, 1987, pp. 56–62.（6）P.M. Romer, "Endogenous technological change", *Journal of Political Economy*, vol. 98, no. 5, 1990, pp. 71–102. 和熊彼特类型模型，参见（7）P. Aghion and P. Howitt, "A model of growth through creative destruction", Econometrica, vol.60, 1992, pp. 323–351.

济增长进行分解，也就是把经济增长分解为"要素投入增加"和
"技术进步"两部分，前者包括劳动人口的增加、人力资本的增
加、资本的积累，后者包括科学技术知识的进步、规模经济、资
源配置效率的提升等。[①]

　　这一分解的意义在于分析经济增长的来源。倘若一个经济的
增长仅仅依赖于投入的增加，而不是技术进步，那么这种增长将
是不可持续的。原因很简单，任何一个经济的要素资源都是有限
的，特别是劳动力资源是有限的，要素投入不可能无限增加。更
重要的是，要素投入增加还受到边际收益递减的约束，无法成为
持续的经济增长的源泉。相反，技术进步可以是无限的，而且不

---

① 增长核算首先由索洛本人提出，后来对增长的实证研究产生了重要的影响，
成为理解经济增长的一种重要方法，参见（1）R. Solow, "Technical change and
the aggregate production function", *Review of Economics and Statistics*, vol. 39,
no. 3, 1957, pp. 312–20。早期的代表性文献还包括（2）J.W. Kendrick, "Front
matter, Productivity Trends in the United States", NBER working paper, 1961.
（3）E.F. Denison, The Sources of Economic Growth in the United States and the
Alternatives Before Us, Washington, DC: Committee for Economic Development,
1962.（4）D. W. Jorgenson and Z. Griliches, "The Explanation of Productivity
Change", *The Review of Economic Studies*, vol. 34, no. 3, 1967, pp. 249–283. 近
年来，应用增长核算的方法理解亚洲经济增长引起了广泛争议，参见（5）A.
Young, "The Tyranny of Numbers: Confronting the Statistical Realities of the East
Asian Growth Experience", *Quarterly Journal of Economics*, vol. 110, no. 3,
1995, pp. 641–80.（6）A. Young, "Gold into Base Metals: Productivity Growth in
the People's Republic of China during the Reform Period," *Journal of Political
Economy*, vol.111, 2003, pp. 1220–1261.（7）C.T. Hsieh, "What Explains the
Industrial Revolution in East Asia? Evidence From the Factor Markets", *The
American Economic Review*, vol. 92, no. 3, 2002, pp. 502–526.

受边际收益递减的约束。索洛模型的一个重要贡献，就是清晰说明只有技术进步才能维持长期的、持续的经济增长。

索洛模型的这一含义，被广泛接受和传播，对于人们观察和思考经济增长，有着深远的影响。比如说，我国的投资一直增长很快，远快于 GDP 的增长，投资占 GDP 的比重也很大，且有上升的趋势（附图 2–1），近年来接近 GDP 的差不多一半，引发投资是否过度，经济增长是否能够持续的争论和担心。这一争论对于思考未来的经济增长和政策制定有着方向性的意义。

再比如，亚洲"四小龙"虽然保持了长期的高速增长，但是也没能逃脱增长主要依靠要素累积，技术进步贡献很少的批评。在 20 世纪 90 年代，特别是亚洲金融危机以后，"四小龙"的增长模式受到很多批评。这些担心和批评无疑是合理的、重要的，但是事关对于未来经济增长的判断，事关基本的经济政策导向，还是要大胆批评，小心求证。经济分析虽然并不复杂，却往往是"差之毫厘，谬以千里"。[①]

---

① 经济现象的两个重要特点导致了方法论上的困境。其一，人们都具有一定的经济常识，因而经济分析看起来是一个进入门槛很低的行业。然而，经济现象和所有的社会现象一样，其实非常复杂，影响因素很多，必须充分积累，全面观察，才能得到较为全面的理解，进行较为准确的分析。只掌握部分的观察，或者有意无意忽略一些重要的方面，往往导致片面的解读甚至误导。其二，数理方法的运用大幅推动了现代经济分析，对经济学的进步做出了重要的贡献。然而，数理方法的一个难点是有些重要的因素难以量化而被忽略，导致分析结果可能产生偏差。另外，数理方法抽象掉了一些重要的对真实世界的观察，这本身无可厚非，因为每一种方法都有所侧重。但是，需要把抽象掉的重要观察补回来，结合使用数理方法和经验观察，才会有较好的分析和结论，否则也容易导致偏差和误导。

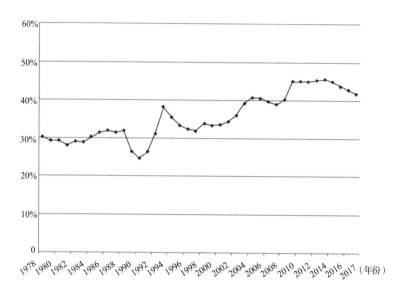

附图 2-1　资本形成总额占 GDP 的比重（1978—2017 年）

数据来源：历年《中国统计年鉴》。

增长核算遗漏了什么？

还是从索洛的经典分析说起。在索洛模型中，以及后来的拓展中，技术进步由一个独立的参数（经常用字母 A 指代）来表示，或者外生，或者内生，但是与资本积累都是分开的。这里面不甚清楚的是，技术进步在现实经济中是如何体现的。理论分析中，可以用一个参数来表示技术进步，这样数学上也很好处理。然而，现实中的技术进步，却不仅仅是一个抽象的参数，而是要有实实在在的载体。

新技术的有效应用，和几个关键的要素是联系在一起的：
（1）新的机器设备，比如说新的炼钢技术，需要对应的一整套设备；（2）辅助新技术、新设备、新产品的基础设施，比如说，没有便利的交通，无论什么产品都运不出去，也就谈不上打开市场了；（3）新的生产要素的采用，比如说，农业技术的进步，与化肥、农药、种子的不断发明和改进是分不开的；（4）具有使用新要素，操作新机器的人，这里面不仅需要基础教育，还需要专业培训；（5）与新技术、新的生产方式相适应的新的生产组织方式。

上面这五大要素，大都是需要投资的，包括固定资产投资、研发投资、人力资本投资。然而，在增长核算当中，其中很大部分的投资，包括全部固定资产投资和研发投资，都是算入资本积累的。由于技术进步在增长核算中是扣除所有要素增长后的残差，因而这些记入投资的项目都增加要素积累的贡献，同时降低技术进步的贡献。①

需要追问的是，倘若没有这些投资，技术进步如何实现？实

---

① 人力资本投资大部分情况下不计入投资。家庭的学校教育支出是记入消费的，企业的培训支出一般也不计入投资，公共支出中的教育支出也不计入投资。倘若这些支出计入投资而形成人力资本，那么资本存量将增加，索洛残差将减少。在增长核算中，要素增加是从国民经济统计中直接核算出来的，从经济增长中扣除要素增加的贡献，就得到技术进步的贡献，因而，技术进步也被称作"索洛残差"。因为增长核算并不直接计算技术进步，而只是用一个残差项来替代，因而讨论中也称之为"对于经济增长的原因的无知"，参见 M. Abramovitz, "Resource and Output Trends in the United States Since 1870", *The American Economic Review*, vol.46, no.2, 1956, pp. 5–23.

验室里的成果，最终是要固化在机器设备中的。新的生产要素，人力资本所代表的技能，也是要和恰当的机器设备结合才能带来生产力。没有这些投资，技术进步是无法与经济增长结合的。这一层讨论的含义是，投资既带来资本积累，也体现了技术进步。根据索洛模型进行的增长核算，可能忽略了资本积累中包含的技术进步，因而低估了技术进步的贡献。

回首亚洲金融危机：不同增长路径下的"技术进步"

一个典型的例子，就是著名经济学家保罗·克鲁格曼关于"亚洲无奇迹"的著名论断。1994 年，克鲁格曼在《外交事务》（*Foreign Affairs*）杂志发表题为《亚洲奇迹的神话》（The Myth of Asia's Miracle）的文章，分析韩国、台湾、香港、新加坡这亚洲"四小龙"的增长因素，发现东亚经济体的经济增长靠的主要是要素投入的增加，也就是高劳动参与率、高储蓄、高投资，而非技术进步。因为要素投入总有限度，而且边际产出递减，在这一证据基础上，克鲁格曼做出了"亚洲无奇迹"的著名论断，并预言"亚洲奇迹"难以持续。[①]

克鲁格曼是一个雄辩的写手，在苏联刚刚解体、东欧国家刚刚发生剧变的背景下，他把亚洲"四小龙"与苏联类比，指出二

① P. Krugman, "The Myth of Asia's Miracle", *Foreign Affairs*, vol.73, no. 6, 1994, pp. 62–78.

者的共同之处在于经济增长当中都没有技术进步，确实让人猛然警醒。在克鲁格曼的眼里，亚洲"四小龙"和苏联一样是"纸老虎"，无法对西方发达国家的经济地位形成威胁。把经济增长问题置于国际竞争的语境下讨论，亦增加了克鲁格曼文章的影响。

克鲁格曼无疑是幸运的，他在亚洲金融危机爆发之前做出了这一论断，随着亚洲金融危机的爆发，他声名鹊起，被认为是"成功预测了"亚洲金融危机的人。

克鲁格曼的这一预言，为部分观察研究中国经济发展的人津津乐道，还有一个重要的原因，就是中国内地的经济增长也严重依赖投资，比起亚洲"四小龙"等经济体有过之而无不及。克鲁格曼对亚洲"四小龙"的批评，对中国内地也毫无疑问是适用的。近年来讨论中，对于我们投资过高的批评，也是不绝于耳。

然而，将近20年以后，回头再看克鲁格曼的批评，值得商榷之处颇多。首先，哪一个经济体不经历经济波动？发展中国家的经济发展波动很大，其间不乏大起大落，拉美国家的经验就是明证。即便是美国也经历过大萧条，而且大约每10年就经历一次经济衰退，大约每30年经历一次大的经济危机，但是似乎没有人说美国的经济增长没有技术含量。毕竟，经济周期和经济增长是两个问题，不能拿经济波动现象来讨论经济增长。

其次，亚洲金融危机以后，这些经济体的表现明显超过世界平均水平。附表2-1比较了2000—2017年东南亚、发达国家和世界平均经济增长速度，发现东南亚国家的增长速度还是要快得多，大约有 4.79%，而世界平均只有 2.89%，东亚国家比世界平均快了超过 1.9 个百分点，比高收入 OECD 国家更是快了超过 3 个百分点。为了剔除 2007 年以来美国次贷危机和全球金融危机的影响，附表 2-1 进一步比较了 2000—2007 年的情况，发现大致同样的结论。熟悉经济增长的人应该很了解的是，2 ~ 3 个百分点的差别，可是非常大的。在 20 世纪以前，超过 1% 的经济增长，被广泛认为是不可能的。再举个例子来说，倘若欧美经济增速多出两个百分点，那么主权债务就会很容易被经济增长消化掉，就不会有那么多人讨论欧洲债务危机了，甚至不会有"欧债危机"这个词。

附表 2-1　亚洲金融危机后的东南亚和世界经济增长

	年均 GDP 增长率 /%			人均 GDP
	2000—2017	2000—2007	2010—2017	（2017 美元现价）
香港	3.83	5.28	3.42	46 193
台湾	3.62	4.84	3.44	24 318
韩国	4.11	5.39	3.43	29 742
新加坡	5.25	6.39	5.30	57 714
平均	4.20	5.48	3.90	39 492
印度尼西亚	5.28	5.05	5.49	3 847
马来西亚	5.08	5.55	5.50	9 944
泰国	4.01	5.26	3.66	6 593
平均	4.79	5.29	4.88	6 795

（续表）

	年均 GDP 增长率 /%			人均 GDP
	2000—2017	2000—2007	2010—2017	(2017 美元现价)
日本	0.94	1.47	1.49	38 428
美国	1.95	2.65	2.15	59 532
OECD：高收入国家	1.76	2.49	1.91	48 454
OECD：所有国家	1.81	2.53	2.00	38 149
世界平均	2.89	3.52	3.00	10 714

数据来源：台湾数据来自台湾统计局，其他国家和地区数据来自世界银行的世界发展指标数据库。

需要指出的是，随着经济的进一步发展，一些国家的科技也在提升，产业也在迅速升级当中。比如说韩国，在金融危机以后迅速恢复，十年间的平均增速达到 5.16%，人均 GDP 达到 2 万美元以上，而且韩国在电子、汽车等产业的技术进步是有目共睹的。

最后，倘若拉长历史的视角，二战以后很少有国家（地区）能够保持长时间的高速增长，跨越中等收入陷阱，步入高收入国家行列。除去富于石油等自然资源的国家，亚洲"四小龙"是为数不多的例外。从这个角度讲，"四小龙"是无愧于"奇迹"一词的。

然而，我们依然还需要回答一个问题，就是为何根据同样的增长核算方法，发达国家经济增长中技术进步的份额要大很多，而亚洲"四小龙"却要小很多。根据著名增长经济学家罗伯特·索洛、爱德华·丹尼森（Edward F. Denison）等人的计算，美国的经济增长中，大约只有 1/8 归因于资本积累，1/4 归因于人口增加，1/6 归因于教育水平提高，剩下的大约 50% 归因于资源配置优化、规模经济、知识积累等因素，而这些都归入广义的"技术进步"。

作为比较，根据另一位增长经济专家阿伦·扬（Alan Young）的仔细计算，亚洲"四小龙"的增长中技术进步的贡献要小得多，其中香港好一些，但也只有 30%，台湾和韩国分别只有 28% 和 17%，而新加坡的技术进步的贡献只有 2%，只考虑制造业的话甚至是负数。这些人都是严谨的学者，他们的计算结果值得仔细揣摩。

其中新加坡的情形比较极端，也很有启发性。根据阿伦·扬的计算，1970—1990 年 20 年间，整个经济增长中技术进步的贡献几乎为零，只考虑制造业的话甚至为负。然而，很难相信新加坡 20 年的经济增长中没有技术进步的贡献。何况，新加坡的增长速度、人均收入在亚洲"四小龙"中是最好的，很难相信技术进步贡献最小的国家最后表现最好。

举一个简单的例子。假设新加坡做的是最简单的加工制造，为了扩大生产而买了一台新型设备，可以大大增加生产能力，大大提高劳动生产率。根据增长核算，这是一笔投资，是不计入技术进步的。然而，这种方法没有考虑新型设备中包含的新技术，也没有考虑新设备带来的生产中进行的所有人力资本积累。实际上，新技术总是要体现在新的机器设备，或者其他生产要素当中的，否则新技术如何进入生产？

上面的例子说明传统的增长核算低估了技术进步对于经济增长的贡献。倘若如此，依然有一个问题需要回答，就是为何这种低估在亚洲"四小龙"比在美国要大得多？毕竟方法是一样的，如果低估的程度是一样的，就依然不能解释上述差别。

其实这不难理解。发达国家处于科技的前沿，在发展过程中需要不断研发，而且在漫长的发展过程中，不断提高教育投入。在此期间，物质资本逐步积累，人力资本也逐步增加，技术水平逐步进步，资源配置方式慢慢变化，生产组织效率逐步提高。在这个过程中，资本积累的速度比较慢，而且由于时间跨度大，折旧也比较多，而技术水平、资源配置方式、生产组织效率的提高，都会反映在索洛残差当中，被增长核算解读为广义的技术进步。

相比较而言，东亚国家是后发国家，主要利用、改进现有技术，在短时间内通过购买现成的设备，提升基础设施来吸收、利用现有技术，并且和受过良好基础教育的劳动力人口进行结合，配套引进生产组织方式。这样，东亚国家的经济增长，更多地表现在投资增长上，并不奇怪。各国发展路径不同，表现出不同的特征也是自然的，理应进行具体分析，而不是强求简单雷同。[①]

　　克鲁格曼在贸易领域卓有建树，并因此获得诺贝尔经济学奖，其经济学造诣毋庸置疑。然而克鲁格曼对于增长核算的应用，却值得商榷，至少在细节上值得商榷。细节决定成败，经济分析往往是差之毫厘，谬以千里的。特别值得反思的是，我们对于投资在经济发展中的作用，是否有一些偏见？对于研究经济增长的学生来说，还要进一步反思已有模型的缺陷，或者对已有模型的误读，以及产生的误导。

发达国家早期的"过度投资"

　　在反思了有关亚洲"四小龙"的争论以后，我们可以进一步把历史的广角镜继续往前倒推。"四小龙"的经济增长被批评依赖要素投入，特别是高投资，那么在发达国家早期的历史上是不是也有投资过高的批评？早期的资本、劳动力、教育等各种数据比较难以获得，有的数据的质量也令人担忧，计算全要素生产率比较困难，因此我们主要看发达国家的历史上是否也存在"过度

[①]　关于东亚经济增长模式的争论，参见（1）E. Chen, "The total factor productivity debate: determinants of economic growth in East Asia", *Asian-Pacific Economic Literature*, vol. 11, no. 1, 1997, pp 18–38.（2）郑玉歆：《全要素生产率的测算及其增长的规律—由东亚增长模式的争论谈起》，《数量经济技术经济研究》，1998 年第 10 期，28–34 页 .（3）林毅夫、任若恩：《关于东亚经济增长模式的再讨论》，《经济研究》，2007 年第 8 期。

投资"。

工业革命以来，英国、荷兰率先经济起飞，比利时、法国等其他欧洲国家紧随其后，然后美国、加拿大等先后接过了经济起飞的接力棒，二战以后则是日本等国家。换一个角度来看，相对于更早起飞，当时已经相对"发达"的英国、法国等国家，美国、加拿大、日本等国家在历史上的一些时段都可以看作是"发展中国家"。此外，二战以后的重建时期，很多受到战火破坏的国家收入水平低于战前，但是世界的技术进步并未停止，这些国家也可以看作是"发展中国家"。这样，倘若我们上文的逻辑正确，应该观测到一种趋势，就是从英国、法国到美国、澳大利亚、日本，我们应该观测到投资率的上升。也就是说，在美国高速发展的阶段，其投资率应该比早期的英国高很多，而后来日本的储蓄率应该比美国高一些。

搜集整理经济发展的早期历史，看起来证据支持这种猜测，附表2-2总结了一些代表性发达经济体早期的投资率。1780年以前，英国投资率只有5%左右，到了1870年投资率也不到10%，其后的投资率大致稳定在这一水平，一直不太高，二战以后的恢复时期也只有16%。相对于英国，经济起飞稍晚一点的意大利、丹麦、挪威、瑞典等国家的投资率要高一些，一战以前达到了15%左右的水平，大约比英国提高了5个百分点。

从1870年到一战爆发以前的40多年时间里，德国、美国、加拿大的经济发展很快，人均收入都翻了一番还要多，而英国、

意大利等国只增长了大约 50%。相应地，德国、美国、加拿大的
投资率也进一步上升，达到 20% 左右，比意大利、丹麦、挪威、
瑞典等国家又上升了 5 个百分点。

从 1914—1945 年间，世界经历了两次世界大战，其间大部分
国家的投资率有所下降，比如英国、德国、美国、加拿大，但是
也有例外，比如意大利。二战以后的重建时期，大部分国家的投
资率有明显上升，除英国外都达到了 20% 以上，其中挪威达到了
30% 左右。二战以后经济起飞的代表是日本，投资率达到 30%，
这已经是大家很熟悉的情况。

附表 2-2　发达国家与新兴发达经济体早期的投资率

国家	年份	投资／GDP
英国	1770 年之前	5%
	1800—1830 年	7%
	1895—1914 年	10%
	1952—1958 年	16%
意大利	1880 年左右	10%
	1896—1915 年	15%
	1946—1955 年	21%
德国	1851—1870 年	13%
	1871—1890 年	18%
	1891—1913 年	23%
	1952—1958 年	24%
美国	1840 年左右	14%
	1890 年左右	22%
	1946—1955 年	22%
加拿大	1870—1915 年	20%
	1896—1915 年	23%
	1921—1940 年	23%

（续表）

国家	年份	投资／GDP
日本	1887—1906 年	10%
	1897—1916 年	11%
	1952—1958 年	30%
新加坡	1960—1969 年	18%
	1970—1979 年	35%
	1980—1989 年	39%
台湾	1951—1965 年	14%
	1966—1973 年	22%
	1974—1999 年	26%
韩国	1953—1965 年	11%
	1966—1976 年	25%
	1977—1989 年	31%
	1990—1997 年	37.5%
印度	1968—1980 年	17%
	1981—1999 年	24%
	2000—2017 年	31%

数据来源：发达国家数据摘自 S. Kuznets, "Quantitative Aspects of the Economic Growth of Nations: VI. Long-Term Trends in Capital Formation Proportions," *Economic Development and Cultural Change*, vol. 9, no. 4, 1961, pp. 1–124. 为简明计，合并了一些年份，并省略了两次世界大战期间及其中间的数据。新兴经济体数据来自新加坡统计局、中国台湾统计局、韩国央行及世界银行的世界发展指标数据库。

　　从 18 世纪 60 年代到 20 世纪 60 年代这大约 200 年的时间，是世界经济发展的分水岭。在此之前，世界经济的增长很缓慢，东西方的差距也不大。在这 200 年间，欧洲完成了工业革命，成为经济比较发达的国家。而进一步细看这 200 年，我们发现经济起飞早、增长时间长、增长速度慢的国家的投资率要低一些，而经济起飞晚、增长时间短、增长快的国家的投资率要高一些。直观上这其实很好理解，后发国家直接利用先进技术，短时间内需要购置更多设备，收入的增长浓缩在更短时间里，投资率自然高一些。

一个有意思的问题是，当初德国、美国、加拿大等国家的投资率远高于当时的发达国家英国，更加远高于英国历史上的投资率，不知当时有没有很多"过度投资"的热烈争论？倘若有，不知事后人们怎么看。

近年来印度的经验也很有意思。我国的学者时常喜欢把中国与印度做比较，因为印度和我国既有人口总量、国土面积等方面的可比性，又有很多不同，比如政治制度、宗教传统、经济结构等。传统上，印度的投资率一直不是很高，新世纪以前基本在 25% 以下。附图 2–2 左纵坐标为资本形成总额、制造业增加值占 GDP 比重，右纵坐标为净出口占 GDP 比重。可是进入 21 世纪以来，印度经济增长的加速伴随着投资率的大幅上升，2004 年以来达到 30% 以上，2007 年以来更是达到了 35% 以上。按照"传统"的国际比较，这也是高得异常的投资率。别忘了，现在印度的人均收入还只有 1 500 多美元，可比价格计算相当于我国 20 世纪 90 年代中后期的水平，而那时我国的投资率还不到 35%，低于现在印度的投资率。随着印度经济的进一步发展，印度的投资率有可能会进一步上升，会不会像我国一样达到 45% 以上，让我们拭目以待。

需要指出的是，印度的经验也可以帮助撇开一些容易引起混

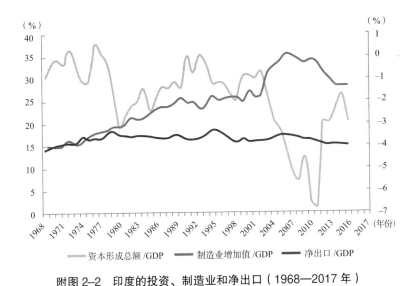

附图 2-2　印度的投资、制造业和净出口（1968—2017 年）

数据来源：世界银行世界发展指标（World Development Indicator, WDI）数据库。

涌的因素。第一，印度的服务业相对很发达，但是制造业并不发
达，制造业增加值占 GDP 的比重不到 15%，但是投资率依然可以
很高，说明投资率和制造业虽然相关，但并不是必然的关系。倘
若印度的制造业更发达，投资率有可能还要高一些。第二，印度
大多数年份是一个净进口的国家，说明投资率高和净出口也没有
必然的关系。净出口相当于国内在国外的净储蓄，净出口多的话，
意味着国内的储蓄超过了国内的投资而已。在国内投资需求受到
资金约束的情况下，投资率会因为储蓄的增加而增加，净进口不
过是利用了国外的储蓄而已。

反思增长模型

上述理论分析，以及对于历史和近年来的国际经验的讨论，都表明增长核算方法低估了投资对于技术进步和长期经济增长的作用，且低估的程度在处于落后、学习地位的发展中国家可能要大一些。一个重要的渠道，是落后国家可以通过投资吸收采用先进技术，促进技术进步，以及人力资本的积累。

实际上，文献中对于这一问题早有探讨。增长核算方法的创始人，同时也是索洛模型的创立者，罗伯特·索洛本人早在 1960 年，就提出了投资当中蕴涵着技术进步的观点，并命名为"嵌入式技术进步"（embodied technology progress），也就是说技术进步是"嵌入"在资本形成当中的。[①] 后来的研究也试图在增长核算中考虑这一因素，对增长核算进行调整。然而，调整的结果却远不如人意。例如，一种主流的方法倾向于用投资价格指数修正实际投资，由于投资品价格趋于下降，这一方法实际上夸大了投资的贡献，进一步低估了技术进步的贡献。

索洛引入了"嵌入式技术进步"这一重要概念，但是同时也产生了新的问题。索洛意义上的嵌入式技术进步，只考虑了资本累积过程本身的技术进步，也就是生产资本品的成本减少，但是

---

①   R. Solow, "Investment and technological progress", in K. Arrow, S. Karlin and P. Suppes, eds., Mathematical methods in the social sciences 1959, Stanford, Calif.: Stanford University Press, 1960, pp.89–104.

没有考虑新的资本品蕴涵了新的技术和生产能力。准确而言，索洛意义上的"嵌入式技术进步"，表达的是生产资本品需要的投入的减少，也就是生产每一个单位的资本品（比如机器设备）耗费的资源减少，这实际上是资本品部门相对于消费品部门的技术进步，或者称之为"相对技术进步"，而不是"总体技术进步"。

在古典索洛模型的抽象世界里，只有一个消费品，并且资本品是从消费品转变而来的，这时资本品部门的"相对技术进步"其实也反映了一些"总体技术进步"的成分。实际上，在这一简化的世界里，消费品是"计价物"，资本品可以视为存储和（扩大）再生产消费品的一种设备。生产资本品消耗的消费品的减少，其实可以看作是存储技术的进步，并可以进一步看作是生产消费品的技术的进步。从这个角度理解，"相对技术进步"也包含了一般性的生产技术的进步。

然而，"相对技术进步"与"总体技术进步"依然不同。即便在最简单的索洛模型中，资本依然要和劳动结合来生产，制造最终产出，这一过程中体现在生产函数当中。生产函数的变化，是索洛意义上的"嵌入式技术进步"无法体现的。比如说，人们研发出一种新的技术，可以大幅提高产出，这种技术体现在一种新的设备（以及与设备配套的人力）当中。这种新设备可能耗费很多资源，也可能耗费很少资源，但是其代表的生产能力与生产设备耗费的资源数量是两个维度的概念。索洛意义上的"嵌入式技术进步"只能体现后者，而不能体现前者。举一个例子，现在的电子计算机质量越来越好，价格越来越便宜，这是生产计算机的技术进步的结果，但是计算机普及使用能够带来的技术进步，却是另外一回事。

可见，索洛（1960）倡导的"嵌入式技术进步"，其实只是狭义的技术嵌入，而广义的技术嵌入，需要考虑新的资本中蕴涵的新的生产技术。在数学表达上，索洛意义上的技术嵌入只考虑了总生产函数：$Y=AF(K, L)$ 中 K 的累积方式的变化，而没有考虑其实生产技术 A 应该是资本 K 的函数。这样生产函数就可以写作 $Y=A(K)F(K, L)$。

这样的生产函数能够表达广义的"嵌入式技术进步"的思想，但是也带来了数学处理上的变化。比如说，常用的柯布－道格拉斯生产函数就不再适用了，因为如果生产技术 A 是资本 K 的函数，如果不对这个函数形式加以约束，那么总体生产函数的形式就应该是不断变化的。理论上，我们可以对 $A(K)$ 的形式加以约束，使得总体生产函数依然保持类似于柯布－道格拉斯生产函数的形式。最简单情形，假设 A 是 K 的指数函数（当指数为 1 时退化为线性函数），而 F 依然是柯布－道格拉斯生产函数形式，那么总体生产函数依然是指数形式，但是资本项的指数变大，而且指数的和要大于 1。但是此时的一个重要变化是，当柯布－道格拉斯生产函数的指数和大于 1，如何进行增长核算？如果进行惯常的增长核算，会产生什么样的结果？应该进行什么样的修正？应该如何解读？

但是在生产函数的指数和大于 1 的情况下，如果一定要进行增长核算，需要给资本项一个大于常见的资本份额的指数（也就是资本累积对经济增长的贡献的权重），这时会减小索洛残差。倘若这个指数足够大，那么索洛残差项可以等于零，甚至小于零。背后的经济逻辑是，由于技术进步的外部性，以及技术进步嵌入在资本累积当中，资本累积也具有"外部性"，或者称为"溢出效应"。倘若继续按惯常的方法赋予权重，则资本中包含的技术进步的贡献没有考虑，索洛残差被高估。

这里可能有一点奇怪，就是考虑了嵌入式技术进步以后作为"技术进步"的代表的索洛残差会进一步减小。理解这一点的切入点在于，如果我们考虑了所有的因素而没有遗漏，索洛残差理论上应该为零。索洛残差之所以大，就是因为我们遗漏的多。现在我们少遗漏了一项嵌入在资本积累中的技术进步，因而索洛残差变小了。

回到新加坡的例子。根据扬（1995）的核算，新加坡的增长中技术进步的成分很低，无非说是索洛残差很低。其实这不难理解。作为一个具有启发意义的比方，不妨把新加坡经济简化理解为把几个先进的工厂搬到一个岛上，经济生活的其他方面都不发生变化，经济增长体现为这几个工厂的产出的增长。这种情况下，工厂雇用的资本和劳动力可以完全解释工厂的产出的增加，因而没有留下太大的残差。一定要找残差的话，不妨把这些工厂的利润当作是残差，因为利润是支付了生产成本、资本和劳动收入份额之后的剩余。现实中我们知道新加坡政府的主权基金数目可观，反映新加坡企业的利润不菲。[①] 从这个角度看新加坡经济并非没有索洛残差，而是有很大的索洛残差。[②] 相比之下，香港、台湾、韩国等经济体的较大的索洛残差，更多反映了这些经济体的经济组织的变化。这些经济体比新加坡大许多，经济组织形式复杂许多，不像新加坡那样简单地可以用几个先进工厂来等价。当然，这些都是一个程度的问题。

如此修改生产函数的情况下，对于索洛残差的解释也要发生一点变化。首先，这时候索洛残差的概念不一样了，我们不能再说索洛残差是技术进步，至少不能是全部的技术进步，因为部分的技术进步已经在资本积累中体现了。其次，我们甚至也不能说索洛残差是我们对经济增长的无知。一个更准确的说法，是索洛残差是我们对于经济增长的无知的部分，我们知道的部分，已经被分解出来了。最后，把索洛残差解读为"全要素生产率"，容易产生误导，也与拓展的生产函数不符合，不妨考虑放弃这种解读。

有一点无论如何应该明确，那就是增长核算的目标，本来就

---

① 根据美国主权财富基金研究所（Sovereign Wealth Fund Institute）的统计，到 2012 年，新加坡的主权债投资基金为 2 475 亿美元（http://www.swfinstitute. org/fund-rankings/），这一数字与新加坡的年度 GDP 相当。

② 把利润等同于索洛残差只是一个比喻的说法。一个重要的区别是利润去除了利息，但是包含了自有资本的回报，因而利润实际上包含了资本的收入份额和索洛残差两个部分。

不应该是寻找一个大的索洛残差，而是达到尽量小的索洛残差。理想状况下，如果考虑了所有的增长贡献因素，索洛残差应该等于零。

内生增长理论与"嵌入式技术进步"

索洛模型假定技术进步外生，后来的内生经济增长理论把技术进步内生了，从而拓展了索洛模型。[①]这些内生增长模型，把技术进步内生了，但是对于资本积累与技术进步的关系，特别是嵌入式技术进步的理解，并没有投入太大的注意力。

当然，新的资本品中包含着新技术这一点，是绕不开的。其实在早期的 *AK* 模型中，就已经明确涉及了"嵌入式技术进步"的概念。早在 1962 年，肯尼思·阿罗在探讨经验积累与技术进步的关系时，就大胆根据资本品必然与生产伴随的观察，采用资本存量作为经验累积的一个间接测量。阿罗假定新的资本品总是比旧的资本品带来的产量高，这里面就蕴含了"嵌入式技术进步"的概念。

然而，阿罗的侧重点在于"干中学"，在他的模型里，技术进步是资本存量的函数，资本存量是生产经验的一个测度，生产经

---

① 代表性的内生增长模型包括 AK 模型［Arrow (1962), Frankel (1962), Romer (1986), Lucas (1988)］，产品多样性模型［Romer (1987, 1990)］和熊彼特类型模型［Aghion 和 Howitt (1992)］。

验的多少决定了技术进步的快慢，因为知识是在生产活动中产生的。而且，阿罗在文中也指出，他仅仅考察了在生产资本品过程中的学习和知识累积，没有考虑在使用资本品过程中的学习和知识积累，而后者其实对于发展中国家具有重要的意义：发展中国家通过购买资本品，与自己的劳动力结合，可以大幅促进自己的技术进步和人力资本积累。

其实，在函数形式上，AK 模型可以完全包含投资中嵌入技术进步这一思想。只可惜，阿罗着眼于"干中学"这一技术进步的方式，而不是资本积累包含技术进步这一思想。究其原因，视角不同可能是一个重要考量。阿罗的着眼点，更多是一个先进国家在技术前沿上的技术进步，而不是一个落后国家的学习和进步。

经济增长的文献，立足点往往在于长期的经济增长，实证的证据也大多来自欧美发达国家。对于这些国家而言，因为已经处于经济发展和技术进步的前沿，发展的核心动力来自技术进步，经济增长的模式是技术进步导致产出增加，带动投资增加，技术进步是源头。而对于落后国家而言，因为没有处于技术前沿，在追赶发达经济体的过程中，一个重要的途径就是进口已有的技术，而这种进口，往往是通过投资实现的，发展的模式是投资增加带动技术进步，导致产出增加，这里投资增加是源头，与发达国家的经济增长模式有着很大的不同。这一不同，研究发展中国家经济追赶时不可不予以考虑。

计量关系与因果关系

对于"过度投资"不可持续的另外一个更直接的回应，来自计量经济学家。认真学习过计量的人，都会明白一点：计量关系永远不能被解读为因果关系。计量关系本质上是变量之间的相关关系，不管是根据简单的简约化模型（reduced form model）计算出来的简单相关，还是根据复杂的结构性模型（structure model）计算出来的复杂相关，都依然还是相关关系，而不是因果关系。

在解读计量结果时，学者们通常会把发现的相关关系与某种理论结合，说明实证发现支持了某种理论，而根据该理论，考察的变量之间存在某种因果关系。但是这里面有两个层次：一是证据支持了理论，二是该理论假定了某种因果关系。倘若把两个层次混淆，直接认为是"证据表明了因果关系"，就大错特错了。倘若一个计量证据可以证明或者证否一个理论，把两个层次合二为一在证据很强的情况下似乎也无伤大雅。遗憾的是，经济学上没有这样的证据，经济学上的证据往往都是很间接的，计量的结果最多只能在一系列的假设条件下提供一些支持或者不支持的证据，我们不断积累计量的证据来支持或者不支持某一理论，从来不能证明或者证否一个理论。实际上，经济研究的演化方式，是不断积累证据，然后修正理论，然后积累更多的证据，是一个不断演化的过程。

把这一层关于计量的讨论简单应用到增长核算上，一个结论跃然纸上：增长核算只是表明增长中的直接贡献因素是什么，但是并没有任何关于增长原因的论述，因而增长核算也就完全不能拿来做增长原因，特别是增长持续性的讨论。从"增长的直接贡献因素"到"增长原因"，这看似很小的一步之间，却有天壤之别。增长核算可能发现要素投入的增加，比如资本积累和劳动参与率的提高，可以几乎完全解释经济增长，但是这一结果却对增长的根本原因毫无涉及。比如说，这一核算结果没有回答一个最基本的问题：要素投入为何会增加？非洲资源也很丰富，为什么不大幅增加要素投入而促进经济增长？增长核算研究的是增长本身，而不是增长的原因，因而在从增长核算中解读增长的原因时，总要有一个引申、解读的过程，这一过程要非常小心。

结语：舒尔茨的批判

对索洛模型缺点的最深刻分析之一，来自另一位诺奖得主西奥多·舒尔茨（Theodore W. Schultz）。在分析传统农业向现代农业的转变，以及由此而产生的经济增长时，舒尔茨强调了新的生产要素的重要性，发现农业技术的进步，其实就是新的生产要素不断被发明，并推广应用的过程。[1] 比如，培育新的适宜当地的品种，新的品质好的肥料，新的更好的机械，这些新的生产要素

---

[1] T. Schultz, *Transforming Traditional Agriculture*, New Haven: Yale University Press, 1964.

代表的是农业技术进步的本质。这些要素的发明和应用，推动了农业生产的进步，释放了农业劳动力，使得工业发展成为可能，也推动了经济增长。

谈到经济增长理论时，舒尔茨对索洛模型的方法论表示了担心，认为索洛模型过于重视综合生产函数（aggregate production function），忽视了具体的生产过程，特别是忽视了新的生产要素的重要性。舒尔茨特别担心的是，综合生产函数这种方法把技术进步置于一个"黑箱子"当中，掩盖了技术进步的实质，其实是不利于深入理解技术进步这一经济增长的核心概念的。

可惜的是，尽管舒尔茨早有批评，但是后来索洛模型还是越发流行起来，对于后来的研究产生了深远的影响。综合生产函数尽管粗糙，但是可以把生产用一个简单的函数形式来表达，是一个极为便利的方法。在真实与便利之间，现代经济分析似乎对于后者更加偏爱。为了便利，人们可以包容模型的弱点，甚至选择视而不见。

索洛本人，对于他的模型产生的误导，其实不无察觉。1987年他自己在诺奖发言中，就提到了他自己在模型中的妥协，并强调他自己早就知道要素积累的重要性，早在1958年就提出了"嵌入技术进步"的概念。可惜，后来经济增长理论的演化，依然大致沿着"总体生产函数"的路径，对于技术进步的具体过程，特别是发展中国家技术进步的特征，重视不够。一种理论一旦发明，人们就会根据自己的便利而选择使用，发明者本人也没有办法。

这验证了中国的一句古话：开弓没有回头箭。

　　倘若只是几个书生在书斋里论道，对社会思维没有什么影响，那怎么说都无伤大雅。然而，索洛模型对于人们的思维，以及政策制定，都产生了重要的影响，经济政策讨论中对于索洛残差的众多关注，就是明证。关注也就罢了，很多分析把索洛残差简单等价于技术进步，就很容易产生误导了。可惜的是，尽管西奥多·舒尔茨早已指出索洛理论的方法论弱点，而且他本人亦贵为诺贝尔经济学奖得主，他的观点却很少被人提及，不禁令人唏嘘。

我为什么要研究城市？

小时候听说过一句话，小孩盼过年，大人怕花钱。那时候村里人的日子都紧巴，孩子盼着好吃的，大人则担心每年一度的"大考"。孩子身上的衣服，口中的零食，年夜饭有没有鱼和肉，孝敬给老人多少过年钱，都是一年一度的"大考"。然后，大人们才会卸下铠甲，享受那片刻的安宁。传统社会的中国人，给自己留的时间，真的不多。

今年照例在双方的父母家奔波。我不会做家务，陪孩子玩是我的主要任务。朋友圈看到那篇全国有 700 万留守儿童的文章，10% 的留守儿童，竟以为自己的父母已经不在了。数据的真实性无从考证，但是大量留守儿童常年见不到父母，却是事实。看到这样的文字，心情想平静下来，是很难的。

前几年一个亲戚生了二胎，我随了份子，外加一句话：不管多辛苦，把孩子带在身边，不要留在老家。在城里打工，早晚能抱抱孩子，晚上能哄着孩子入睡，比什么都强。亲戚知道我不乱讲话，听进去了，一家人挤在城郊一间小屋里，条件虽然艰苦，也算是其乐融融。

敢说这句话，是因为在城市问题上下过点功夫，这个事情算是看得通透。城市不仅是钢筋水泥，车水马龙，更是千家万户真正的港湾，终极的归宿。

翻开人类文明史，你会看到一条清晰的轨迹，更多的人离开土地，汇成城市。不管是达官贵人，还是贩夫走卒，都可以在城里安身立命。从古希腊、古罗马，到现代欧洲，从春秋战国、秦汉隋唐，到宋元明清，你看到的文明遗迹，是一座座的城市，跨越千年风霜岁月，连接成历史的坐标。而乡村，是不在其中的。在千年的风霜之后，乡村都化作历史的尘埃，随风飘散了。

城市之所以有这样的力量，不是因为城墙坚固，而是因为城市摆脱了乡村社会分散的、点状的结构，结成了一张巨大的网络，共同抵御历史的风霜。每个人，每个机构，都是这张网上的节点，利用彼此的力量，众生协作，各得其所。

反观乡村，则是各自孤军奋战，如老子所言，鸡犬之声相闻，老死不相往来。因为不能充分借助分工协作的力量，乡村在安全防卫、协作互助、知识积累、技术进步方面，都有明显的劣势。个体的力量终归渺小，文明的进步也举步维艰。

有条件的时候，离开土地，汇入城市，是人类文明进步的基本方式。

没条件的时候，创造条件，离开土地，是社会突飞猛进的基本模式。

中国 1978 年以来的经济奇迹，有很多角度可以去解读。其中的一个角度，是城市化率，从 1978 年的 18%，上升到 2018 年的 59%。所谓奇迹，不过是更多的人离开土地，汇成城市。

诚然，对于每一个人而言，漂泊到陌生的城市，要克服很多的困难。每一个曾经流浪的人，都深有体会。落脚在陌生的城市，生活在城市的最底层，那份艰辛，冷暖自知。

以前在香港大学工作过两年，港大位于港岛西区，不算繁华。漫步周边，经常可以看到那些"笔杆子楼"，就是细细长长的楼房，拔地而起。那些楼那么苗条，经常担心会被台风吹倒。楼里的房间，都很小，三四十平方米的单元，就算很大了。远远望去，像极了一个个鸟笼子。但是就是这样的鸟笼子，现在卖到上千万一个。

曾经很为港人的局促感到心酸。那么多人，就为一个个鸟笼子奋斗。后来阅历多了一点，才慢慢明白，苍天饶过谁，谁不局促，谁不心酸。香港的贫富差距其实很大，底层人生活其实很一般，但是至少有希望，努力打工，把孩子送进好一点的学校，找一份好一点的工作。再不济，至少都是正常的家庭，一家人在一起的。反观内地，农民工很难在城里立足，孩子经常留在老家，才是真的心酸。

人都有同理心，如何面对那 700 万留守儿童，面对那 700 万破碎的家庭，考验一个人的良心。

关于农村问题，有很多专家，观点不一样很正常。观点不同，本是学术之争。可是，我难以明白的是，这么多的专家，面对这 700 万留守儿童，面对这 700 万破碎的家庭，如何能够无动于衷，坚持说农村是中国稳定的腹地，农村保留了乡土社会的美好。尤其是，这些人自己住在城里，把子女送往大城市甚至国外，怎么能说出这样的话？

醒醒吧，省省吧，乡土社会已经解体了，承不承认都一样。工业化、信息化浪潮面前，农村的点状结构在城市的网状结构的降维打击下，已经七零八落。

醒醒吧，省省吧，只有现代化的都市和乡村，才能充当中国经济的稳定器，大规模、现代化的农业生产，才是粮食安全、社会稳定的保障。

醒醒吧，省省吧，农村的未来，是变成城市网络的一部分，变成城乡一体化网络的外围的、辅助的部分。绝大多数农民的未来，就是进城落户，成为市民。

谨以此文，献给那些和我的亲戚一样，带着孩子在城里打工的人。也希望更多的人，打工的时候能把孩子带在身边。实在不行，至少常回家看看。

致 谢

本书成文，得益于很多人的启发和帮助。我的导师宋国青先生，打开了我思考问题的一扇窗，一直是我学习与模仿的榜样。我的很多想法，都受到先生的启发。时至今日，想不明白事情的时候，我的潜意识里都有一个声音：先生会怎么看？

在城市化的问题上，我受周其仁教授的启发很多。从 2010 年起，参与周老师的团队，研究中国土地改革和城市化问题，参加了很多调研和讨论。周老师调研功力深厚，对中国的农村改革和经济变迁有大量一手观察和深入思考。我远观近瞧地学习，受益良多。

我对经济发展问题的思考，也受到林毅夫教授的影响。多年来，林老师笔耕不辍，创立了新结构经济学，尝试建立解释中国经济成就的统一分析框架。功成不必在我，而功力必不唐捐。林毅夫作为先行者开创的道路，后人必将继续。

还要感谢的是创立朗润园的诸多老师。林毅夫、易纲、海闻、张维迎等人 1994 年创办中国经济研究中心（China Center for Economic Research），引一时之潮流，是 20 世纪 90 年代的学术重镇，也给了很多年轻人学习经济学的机会，我是受益者之一。没有朗润园，我的求学道路将大不同。

本书部分内容，是在北京大学多次授课的内容基础上修改而成，在此感谢同学们的参与和提问。没有这样的授课经历，很多零星的思考也不会成文。

最后，还要感谢几位学生的卓有成效的助研工作，包括陈靖、李惠璇、杭静、陈子浩。特别要感谢的是陈子浩，他帮助搜集整理了很多数据，并且创造性地发现了一些事先没有想到的结果，特此致谢。

徐远

2019.08.18 于北京橡树湾家中